O LIVRO DAS IDEIAS

O LIVRO DAS IDEIAS

INOVAÇÃO E EMPREENDEDORISMO

AUGUSTO DIAS CARNEIRO

ACTUAL

Rio de Janeiro, 2025

O Livro das Ideias

ALMEDINA é uma empresa do Grupo Editorial Alta Books (Starlin Alta Editora e Consultoria LTDA).

ISBN: 978-65-83400-15-4

Impresso no Brasil — 1ª Edição, 2025 — Edição revisada conforme o Acordo Ortográfico da Língua Portuguesa de 2009.

Dados Internacionais de Catalogação na Publicação (CIP)

C2891
1.ed. CARNEIRO, Augusto Leopoldo Dias.
O livro das ideias: inovação e empreendedorismo / Augusto Dias Carneiro. - 1. ed. - Rio de Janeiro: Actual, 2025.

128 p.; 15,7 x 23 cm.

ISBN 978-65-83400-15-4

1. Criatividade nos negócios. 2. Inovação. 3. Empreendedorismo. 4. Inteligência artificial. 5. Desenvolvimento profissional. I. Título.

CDD 658.4

Índice para catálogo sistemático:
1. Processos gerenciais - 658.4

Grupo Editorial Alta Books

Produção Editorial: Grupo Editorial Alta Books
Diretor Editorial: Anderson Vieira
Editor-Chefe: Marco Pace
Vendas Governamentais: Cristiane Mutüs

Produtora Editorial: Andreza Moraes
Diagramação: IO Design
Revisão: Kamila Wozniak

ALTA BOOKS
GRUPO EDITORIAL

Rua Viúva Cláudio, 291 — Bairro Industrial do Jacaré
CEP: 20.970-031 — Rio de Janeiro (RJ)
Tels.: (21) 3278-8069 / 3278-8419
www.altabooks.com.br — altabooks@altabooks.com.br
Ouvidoria: ouvidoria@altabooks.com.br

Editora **afiliada à:**

ASSOCIADO CBL Câmara Brasileira do Livro

PREFÁCIO

DESDE AGOSTO DE 2019, EU PUBLICO UMA COLUNA MENSAL NO blog da revista *MIT Sloan Review Brasil.* Lá, minha missão é relatar em 3–4 minutos de leitura um tema mal resolvido no mundo do business e/ou subexplorado na literatura de business. E para aqueles leitores que querem mais detalhes, sempre termino com um ou mais links. Meus leitores regulares da coluna reconhecerão neste livro aproximadamente 5% do conteúdo trazido de lá (claro que a editora da revista me autorizou a fazer isso), com substancial edição/expansão.

Este meu *O Livro das Ideias* mostra as várias maneiras de transformar Ideias em Valor.

Valor, acima, é um termo mais geral que Lucro ou Retorno Sobre o Investimento. Isso porque cada um de nós tem sua própria Moeda, que pode ou não ser Dinheiro.

Escrevi imaginando que dentre os leitores haverá, mais ou menos nesta ordem:

- pessoas que querem aprender a disciplinar melhor as Ideias que têm;
- empreendedores, atuais e futuros;
- executivos que queiram trazer Inovação para as empresas onde trabalham, pela porta da frente. E não via subversão, como normalmente acontece;
- pessoas que tiveram uma Ideia que lhes parece conversível em Valor, mas que, sem nenhuma intenção de iniciar uma empresa, querem saber o melhor momento para negociar uma associação com/venda dos direitos para outra empresa;

- pessoas curiosas com Inovação, Empreendedorismo, e a arte de Convencer os outros, que preferem aprender sobre essas coisas em nível bem prático e em um só livro;
- pessoas que querem entender melhor como aproveitar IA no seu processo de ter/compartilhar/turbinar Ideias.

Nenhum conteúdo é original, mas me pareceu — em sondagem bibliográfica prévia — que essa maneira peculiar com que concatenei os assuntos, isto sim, é bastante original:

Começando com Ideia e desembocando em Valor

Terei atingido o meu objetivo se você, ao ler este livro, puder disciplinar suas Ideias e transformá-las em Valor — seja criando uma empresa, seja dando um choque de inovação em empresa já existente, seja negociando sua Propriedade Intelectual.

É por essa razão que tentei dar o máximo de apoio a Ideias, individuais ou em grupo, e entro em mais detalhes em Cenários e Cynefin (itens 4.2 e 4.3 no Capítulo 4) porque são ferramentas poderosas para se pensar coletivamente sobre como as variáveis que não controlamos podem facilitar ou atrapalhar a operacionalização das suas Ideias. Se for uma startup, o passo a passo, com quatro possíveis estratégias — está na seção 2.9, no Capítulo 2. Este talvez seja um bom lugar para mencionar que as ferramentas que apresento aqui são o destilado de anos de investigação de dezenas de — alcunha minha — modelos de conversão de Ideias. Como a literatura de business muitas vezes curva-se à moda vigente, os que chegaram até aqui o fizeram em parte porque sobreviveram aos modismos. A exceção é o trabalho de Erin Scott *et al.* — tão novo que ainda não foi nem publicado, mas que entendo crítico para quem quer criar uma empresa nos dias de hoje.

Escrevi de forma a você poder fazer a trajetória inteira só com este livro. Apesar disso, as referências estão sempre em nota de rodapé, em vez de no final, caso sua curiosidade em aprofundar algum tema lhe impeça de continuar lendo.

Claro que de roldão vamos falar muito sobre Inovação, Empreendedorismo, e a arte de Convencer os outros.

Lido com Inteligência Artificial em diversos lugares. Como tenho perfeita consciência de que as pessoas se preocupam com IA *fora de controle* —

uma preocupação absolutamente legítima — tentei me ater às aplicações atuais de IA que 1) são bem comportadas e 2) lidam tão bem ou melhor que humanos com atividades que ou 2.A) são muito maçantes (escrever atas de reunião) ou 2.B) já está provado que IA funciona melhor que humanos (agregar sem viés enormes quantidades de dados).

Este livro lida com Ideias, Intuição, Criatividade. Pouco provável que IA ameace isso no futuro próximo[1]. Pelo contrário, menciono como a IA pode expandir nossa capacidade de fazer isso, em parte por cuidar sem viés das partes maçantes, conforme descrevo a seguir.

Amy Webb (devo muito a ela, neste livro) fez um comentário durante um podcast da Microsoft[2] que teve enorme ressonância para mim, porque, embora óbvio, mostrou o potencial que a IA tem de nos livrar de trabalho maçante para focalizar o verdadeiramente criativo. Nele, ela relatou que recentemente, prestando consultoria para um hospital que passava por grave crise financeira, alimentou uma IA com os demonstrativos financeiros do hospital. Em 27 segundos, este fez diversas recomendações, todas pertinentes, mas sem nenhuma criatividade. Ela apresentou isso para o cliente, que antes passaria 80% do tempo fazendo a mesma coisa, mas agora pode passar o que seriam os outros 20% do tempo com foco nas soluções mais criativas!

No momento desta publicação, Rita McGrath (outra autora muito citada aqui) está falando e escrevendo, com o coautor Ram Charan, sobre um futuro próximo em que as empresas graças à IA poderão tornar-se empresas onde todas as Permissões serão automatizadas e instantâneas[3]. Como sabemos que passar por Permissões é uma parte muito irritante — sem falar que inibidora de Inovação — de toda empresa (e as grandes são piores[4]), esse impacto da IA pode sozinho revolucionar todas as empresas.

1. Muita gente se surpreenderá em saber que a pesquisa de IA começou na década de 1960. Que o filósofo Daniel Dennett (que vocês conhecerão no Capítulo 1) escreveu um artigo em 1968 sobre IA. E que (hoje sabemos) na época ele conversava regular e intensamente com os pioneiros Marvin Minsky e Seymour Papert.

2. Disponível em: https://open.spotify.com/episode/5cG7vjF5ygPb0cDgaZrrQk?si=EnftZo3uSu-U1mulCzxROw.

3. Disponível em: https://hbr.org/2023/01/the-permissionless-corporation.

4. O recém-empossado líder da divisão norte-americana da Bayer neste artigo https://www.wsj.com/business/bayer-cuts-bosses-recovery-plan-f3c94865 pergunta retoricamente como que uma empresa que depende de inovação como a Bayer pode ter um manual de procedimentos e permissões com 1.328 páginas?

Eu deliberadamente não escrevi aqui sobre os impactos de IA na medicina e farmacêutica, nem na meteorologia. Disciplinas onde IA promete progresso gigantesco, pela sua capacidade de pacientemente encontrar significado em quantidades monumentais de dados. É — na minha humilde opinião — nessas áreas do conhecimento que a IA fará suas maiores contribuições no futuro próximo!

O que você não vai achar neste livro? Não pretendi escrever um manual de Gestão de Projetos! Então, embora haja algumas referências ao tema, você não vai achar nada detalhado aqui sobre PMBOK, SCRUM, KANBAN ou PRINCE2. Mas alerto nos momentos apropriados onde você pode lançar mão de um ou mais deles. Por outro lado, entrei em detalhes sobre as ferramentas Toyota (seção 2.8 no Capítulo 2) porque são de implantação transparente (embora não fácil) e eficácia comprovada há décadas.

Por último, mas não menos importante: se durante esta sua jornada de Inovação você tiver momentos em que não sabe muito bem o que está fazendo, não se preocupe: Inovação, como a própria palavra quer dizer, significa passar parte do tempo em território desconhecido!

AGRADECIMENTOS

COMEÇO PELA MÔNICA LAMPREIA. NOS NOSSOS QUASE 40 ANOS de convivência, você me ajudou a encontrar energia — que eu às vezes não achava que tinha — para atingir meus objetivos.

Às autoras que inspiraram boa parte das ideias deste livro. Listo por ordem alfabética de sobrenome: Jennifer Garvey Berger, Neuza Chaves, Annie Duke, Amy Edmondson, Joy Leach, Rita McGrath, Erin Scott, Barbara Tversky e Amy Webb. Algumas delas permeiam tantas partes deste livro que acabam não sendo citadas de novo!

Um autor se sobressai aqui: Daniel Dennett. Um dia ele será mais conhecido pelo que contribuiu a Como Pensamos que a outras causas — algumas bem polêmicas — que abraçou. Assim como Daniel Kahneman, Dennett nos deixou poucos dias antes de os originais deste livro chegarem à editora. Devo muito também a Tony Buzan, Tiago Forte, Gerd Gigerenzer, Kaoru Ishikawa, Edward Tufte e Amos Tversky.

Adriana Salles Gomes, editora-chefe da *MIT Sloan Review Brasil*, que procurou um ex-aluno do MIT em 2019 para publicar uma coluna mensal no blog do site da revista dela. Aceitei sem pestanejar. E sem ter a mais remota ideia de como produzir um texto compreensível uma vez por mês.

Quem me conhece como Coach sabe que a maioria dos meus clientes são executivos que querem disciplinar suas Ideias e transformá-las em algo produtivo e memorável[5]. Colegas me contam que essa é uma atividade solitária

5. Por outro lado, meu trabalho pro bono lida com pessoas em ONGs enfrentando as encrencas típicas de ONGs: Médicos Sem Fronteiras, Recode, Gastromotiva, Instituto da Criança, Recomeçar, e Teto.

em nicho empoeirado do Coaching. Não importa: prefiro ser sapo grande em lagoa pequena. E tenho uma dívida oblíqua com meus mestres de Coaching, que saldo aqui pelo menos em parte: Robert Biswas-Diener, Richard Boyatzis, Pamela McLean, Ellen van Oosten, Jonathan Passmore e Richard Strozzi-Heckler.

E por último, mas não menos importante, à Lorena Bittar que pacientemente acompanhou meus raciocínios tortuosos, os fez menos tortuosos, bem como lidou com galhardia com minha habitual dificuldade em produzir gráficos ao mesmo tempo elegantes e compreensíveis. E ao Marco Pace, e todos os seus colaboradores da Editora Almedina, por lidar com originais ainda bem distantes do acabamento necessário para publicação.

Claro que todas as falhas deste livro são de inteira responsabilidade minha!

ÍNDICE

1

IDEIAS

TUDO COMEÇA COM UMA IDEIA. OU IDEIAS QUE SE ENTRELAÇAM. Nós temos Ideias o tempo todo, mas só lembramos de 5% delas. O objetivo deste livro é ajudar você a aproveitar aquele 1% das suas Ideias que vale a pena transformar em algo concreto.

Este capítulo começa com Daniel Dennett, um filósofo norte-americano que dedicou a vida a entender como temos Ideias. Ele se apresentava como especializado em Mente, e se reconhecia mais ou menos sozinho nessa especialidade filosófica. Dennett achava que fomos inibidos na nossa habilidade de converter Intuição em Ideias, e ficou conhecido pelos mais de quarenta Propulsores de Intuição que publicou entre 1981 e 2017[1]. Descreverei quatro deles na seção 1.1.

Daniel Dennett não está sozinho em pensar assim. O psicólogo Gerd Gigerenzer professor do Max Planck Institute em Berlim já mapeou como nós humanos fomos gradativamente adestrados durante todo o século XX a ignorar a nossa Intuição[2]. Recomendo ouvir o podcast de Gigerenzer conversando com Martin Reeves da BCG[3], em que Gigerenzer menciona que

---

1. Dennett deu uma deliciosamente longa entrevista à *New Yorker* em 2017: https://www.newyorker.com/magazine/2017/03/27/daniel-dennetts-science-of-the-soul

2. O livro de Gigerenzer é *O Poder da Intuição.*

3. O Boston Consulting Group tem uma subsidiária que é um think tank chamado Henderson Institute, cujo gestor Martin Reeves, um dos sócios do BCG, tem uma série de podcasts — como esse — com pessoas, a maioria aquém dos nossos radares, mas que estão tendo Ideias verdadeiramente transformadoras. Disponível em: https://open.spotify.com/episode/5lQ0LE4rNeknchT-V1uD60P?si=3ymM4koWSwiLAe_59oTBDA

a guerra cultural contra as nossas intuições passou por diversas etapas, em grande parte aquém do nível consciente. Quem não se lembra de ouvir de nossos pais/avós que intuição era coisa de diletantes e desocupados? E a tal da intuição feminina, muitas vezes mencionada como coisa menor?

Mais famosamente, Daniel Kahneman propôs pensarmos usando Intuição e Racionalidade, que ele rebatizou de Sistema 1 e Sistema 2[4]. Acho que para evitar a imensa bagagem de preconceito que o mundo passou a atribuir à palavra Intuição.

A seção 1.2 versa sobre como guardar suas ideias, seja para organizá-las para uso no futuro próximo, seja para retornar a elas no futuro mais distante, e poder encontrá-las facilmente. Aqui, meus autores favoritos são Tiago Forte e Sönke Ahrens.

A seção 1.3 versa sobre como expor suas ideias. Isso sempre inclui um trabalho de convencimento, em maior ou menor medida, o que necessariamente gera discussão.

E como hoje em dia a maioria das ideias acontece/amadurece em grupo, inclui uma seção sobre como pensar coletivamente (1.4).

1.1 Organizar suas Ideias[5]

Daniel Dennett[6] é a principal inspiração para esta seção por uma razão: na prática ele está sozinho em haver por décadas focalizado em Ideias. No entanto, meus objetivos aqui são mais limitados que os dele: Quero focalizar Ideias que são conversíveis em Resultado, ao passo que Dennett foi atrás de Ideias em geral. Compreensível para um filósofo!

Então vou explicar primeiro os diferentes tipos de Ideia conforme Dennett, e depois descrever a minha adaptação dele, com a influência explícita de Kahneman e Gigerenzer.

Dennett começou perguntando como a massa cinzenta dos nossos cérebros se torna funcional. E deduziu que pensamos de forma progressiva em um ou mais dos três Modos a seguir:

---

4. Rápido e Devagar: Duas formas de pensar.

5. Partes desta seção foram publicadas anteriormente, na minha coluna de dezembro de 2023 no blog da *MIT Sloan Review Brasil*: https://www.mitsloanreview.com.br/post/quer-libertar-suas-ideias-organize-as-parte-1.

6. João de Fernandes Teixeira é outro filósofo especializado em Mente. Ele escreveu o excelente *A Mente Segundo Dennett*.

- **Modo Físico:** olhamos para grandes quantidades de dados e desenvolvemos fórmulas matemáticas (hoje está na moda a palavra "algoritmos") para descrever como se relacionam. Neste nível, focalizamos os Dados, sem questionar se têm Propósito. Fazemos isso quando tentamos prever o preço da ação da Vale daqui a um mês, ou a meteorologia semana que vem.
- **Modo Propósito:** o acima não basta quando atribuímos Propósito às coisas. Assim como folha captura a luz do sol, um parafuso e sua respectiva porca foram projetados para trabalhar juntos. Usamos o Modo Propósito, além do Físico, para saber a provável trajetória do furacão que previmos em Modo Físico.
- **Modo Intenção:** algumas coisas da vida materializam nossas Crenças e Desejos, ambos ausentes nos dois Modos acima. Em Modo Intenção, juntamos Crenças e Desejo aos dois Modos anteriores. Em IAs desenvolvidas por humanos pensando em Modo Intenção: 1) o computador que joga xadrez contra você tenta adivinhar qual é a sua estratégia, e 2) o automóvel autônomo se desvia do cachorro que entrou na estrada.

Os três Modos — níveis de enxergar a mesma realidade — convivem cumulativamente: O Modo 3 exige Modos 1 e 2: Quem desenvolveu o programa de xadrez e o IA do carro autônomo precisou dos três Modos. No mundo Dennett, com um pouco de prática, podemos deduzir rapidamente quais níveis utilizamos quando pensamos. E fazer o mesmo com os pensamentos dos outros.

Agora vem a minha classificação, que deve muito a Dennett, Kahneman e Gigerenzer, e que não é cumulativa. Proponho que a gente tem quatro maneiras de pensar:

- **Modo Devaneio:** aqui agrupamos crenças e anseios, e imaginamos cenários futuros de como realizar nossos anseios baseados em nossas crenças. A maioria das Ideias nasce aqui, assim como a vontade de aprender violão, ou de ir ao Louvre ver a *Mona Lisa*.

- **Modo Científico:** esse é o que na escola nos ensinaram ser o Método Científico, com hipóteses, testes, teses e resultados reprodutíveis[7].

7. O mundo das últimas décadas ficou meio relapso com o Modo Científico. Enquanto escrevo isto, leio que a reitora de Harvard foi obrigada a demitir-se porque não documentou adequadamente as descobertas científicas que fez nos artigos que publicou.

Claro que pouca gente pensa assim, e no dia a dia das empresas quase ninguém pensa muito assim, mas o sistema educacional acabou incorporando isso a nossas mentes. E partes dele reaparecem nos dois modos abaixo.

- **Modo Problema:** estamos analisando uma situação e/ou tentando resolver um problema, e — com níveis variados de rigor — consideramos diferentes cenários de solução, muitas vezes dando ênfase desmedida a um determinado cenário, ou porque nos apaixonamos por ele, ou porque é muito assustador.
- **Modo Projeto:** estamos tentando construir algo, seja lançar um novo produto, fazer uma cirurgia cultural na nossa empresa, comprar um imóvel ou fazer uma viagem de férias. Nesse modo, a gente passa um tempo no futuro, tentando visualizar como as coisas serão se tivermos atingido tudo que quisemos, e depois a gente volta gradativamente para o presente para saber o que precisa acontecer para que aquele futuro aconteça.

Agora quero incluir três ferramentas de processamento de Ideias que são centrais na obra de Dennett:

1. A Navalha de Occam (atribuída a William de Ockam, 1285–1347): a explicação correta é a mais simples possível, desde que lide bem com toda a informação disponível.
2. A Vassoura de Occam (atribuída a Sydney Brenner): varrer para baixo do tapete tudo que pode invalidar o que você está pensando. Evitar isso exige grande honestidade intelectual[8].
3. Nossa relação enroscada entre Compreensão e Competência: Enquanto toda competência exige substancial compreensão, a gente só compreende algo de verdade *depois* de haver adquirido grande competência naquilo. Então resista à tentação — bastante comum — de só querer adquirir competência *depois* de compreender algo. Melhor lidar com ambos em paralelo. E, nas suas discussões com sua equipe, prepare-se para, ao iniciar a resposta a uma pergunta, primeiro explicitar onde você está na curva da Compreensão, e no horizonte da Competência.

8. Considere pedir discretamente a um colega para denunciar (também discretamente) toda vez que você fizer isso.

Dennett acha que fomos treinados para usar a intuição para gostar ou não de uma pessoa, um filme, um livro, ou uma obra de arte. E que (mais um legado cruel do Método Científico) desde o século XX inibimos, sem querer e gradativamente, a nossa intuição quando estamos pensando sobre temas mais concretos de nosso trabalho. Propõe que nessas horas adotemos conscientemente um ou mais (termo dele) Propulsores de Intuição ("Intuition Pumps"). Listar todos os Propulsores de Dennett iria muito além do escopo deste livro[9]. Focalizei os quatro com o melhor custo-benefício para pessoas pensando os rumos de uma empresa, já existente ou não.

São eles:

- **Onde Estou:** imagine uma Linha do Tempo do que você está pensando e se localize no momento presente dela. Enxergue o que já aconteceu para trás, e imagine seus possíveis cenários futuros como bifurcações na estrada. Esse é o Propulsor mais simples de todos (e o mais antigo: Dennett safra 1981), e um bom lugar para você iniciar sua prática de Propulsores.[10]
- **Helicóptero:** altamente recomendado quando em Modo Problema. Você manda seu helicóptero parar no ar, a uma altura que lhe permita enxergar o assunto inteiro, inclusive as beiradas. Funciona muito bem também quando pensado coletivamente. Lá na Shell esse Propulsor é conhecido como "visão de helicóptero".
- **Gire todos os botões:** espetacular em Modo Intencional. Comece identificando 3 a 6 variáveis mais importantes do que você está pensando. Umas você controla, outras não (são exógenas, i.e. acontecem independentemente da sua vontade). Imagine que cada variável é um botão, e "gire" cada botão para ver como se comporta sua tentativa de solução frente a variações extremas de cada variável[11].

---

9. Contei trinta propulsores, em pesquisa que sabidamente não foi exaustiva!

10. Amy Webb (professora da Stern, escola de Business da NYU) rejeita a mania de toda empresa de, na hora de fazer seu exercício anual de estratégia (o horizonte usual, conforme ela, é 2–3 anos) traçar uma reta horizontal no quadro começando no passado e projetando-se para o futuro, com o presente bem no meio da lousa. Ela propõe um cone que se abre para a direita a partir do momento presente. Vou lidar com isso na seção 4.2, no Capítulo 4.

11. Se você quer experimentar girar os botões de um modelo de verdade, en-roads simula cenários futuros do clima do planeta até o ano 2100. Reduza carvão, aumente eólica etc., e veja como fica o aumento de temperatura global em 2100. (Dica: o limite do acordo de Paris é 1,5ºC). https://www.climateinteractive.org/en-roads/.

- **Mundo de Brinquedo** (sensacional quando você estiver em Modo Projeto): comece com um mundo simplificado (feito quem sabe de Legos, virtuais ou não) que você depois vai gradativamente substituindo por componentes do mundo real.

É fácil a gente se perder na enorme produção de Daniel Dennett. Até porque se apresentar como um filósofo especializado em Mente lhe permite, há mais de quarenta anos e sem a menor cerimônia, entrar em debates acalorados com médicos, psicólogos, biólogos, economistas, linguistas, teólogos e antropólogos.

Tem mais: ele publica diferentes Propulsores desde a década de 1980, e tem por princípio não se repetir. Então se você quiser conhecer outros Propulsores propostos por Dennett — são mais de quarenta — recomendo que comece com o mais recente (safra 2014): *Intuition Pumps and Other Tools for Thinking*. E no YouTube tem uma palestra genial que ele deu no Google sobre Propulsores[12].

1.2 Armazenar suas Ideias[13]

Qual é a melhor maneira de armazenar as ideias que temos, mesmo se não sabemos de antemão como e por que vamos precisar acessá-las no futuro?

Aqui, minhas referências são o trabalho de Tiago Forte e, independentemente dele, de Sönke Ahrens.

Por que razão devemos sistematizar a captura de ideias, nossas e dos outros?

1. É importante que possamos dar substância às ideias que nos ocorrem.
2. Isso inclui sermos capazes de agrupar ideias semelhantes.
3. Algumas ideias exigem um período de incubação.
4. Temos um compromisso com nós mesmos de constantemente aguçarmos nossas perspectivas, e
5. De podermos transmiti-las a terceiros de forma convincente.

Então qualquer sistema de captura e armazenagem idealmente precisa atender às cinco motivações acima. Incluí esse tema neste ponto do livro porque:

12. Disponível em: https://youtu.be/4Q_mY54hjM0?si=nK4lGHKoVaWJ7Jp_ (conteúdo em inglês).
13. Partes desta seção foram publicadas anteriormente, na minha coluna de janeiro de 2024 na *MIT Sloan Review Brasil*: https://www.mitsloanreview.com.br/post/quer-libertar-suas-ideias-organize-as-parte-2.

- enquanto você está tendo Sua Ideia, vai ter dezenas de Outras Ideias que vai querer guardar para — quem sabe? — utilizar no futuro;
- sua Ideia pode ficar tão Grande que exigirá um sistema caprichado de armazenagem de subIdeias para instruir todas as etapas do seu desenvolvimento.

Tiago identifica quatro tipos de armazenadores de ideias, em ordem decrescente:

- Os **Estudantes** são o tipo mais comum. Somos focados nas nossas necessidades imediatas, como tirar boa nota em uma prova, publicar um artigo ou fazer uma apresentação caprichada. Eu me enxergo aqui, assim como muitos de vocês, e quase todos os iniciantes na prática de guardar ideias.
- Os **Arquitetos** imaginaram previamente uma estrutura na cabeça deles, na qual eles vão inserindo as ideias que têm e depois guardam as informações que entram como subitens de uma ou mais ideias.
- Os **Jardineiros** estão mais interessados em plantar Ideias que em criar um sistema de arquivamento. Preferem observar depois quais delas germinam. Seu sistema de arquivamento, quando existe, é meio caótico, mas eles — talvez porque focalizem as Ideias que vingam — na maioria das vezes conseguem encontrar as coisas depois.
- Os **Bibliotecários** primeiro criam um sofisticado sistema de arquivamento, e já sabem de antemão sob que classificação vão arquivar ideias, dados e informações que chegam. A maioria deles tem a disciplina de periodicamente rever suas classificações. Não deveria surpreender que esse é o perfil menos comum.

Os quatro tipos anteriores procedem à captura e armazenamento das suas ideias com níveis variáveis de rigor, mas todos seguem mais ou menos estes quatro passos:

1. **Capturar:** guardar uma informação ou Ideia que você acha que vai querer/precisar revisitar no futuro. Isso exige disciplina para, toda vez que tiver uma Ideia legal, ou ler sobre a Ideia legal de alguém, lembrar imediatamente de guardá-la.
2. **Organizar:** alguma forma de arquivamento fácil de fazer e — esperamos — fácil de encontrar depois. O site de Tiago inclui uma análise

comparativa dos aplicativos disponíveis no mercado. Fica no site, e não no livro, justamente para permitir atualização frequente.

3. **Destilar:** pense no seu eu futuro, e como você vai querer reencontrar essa informação. Este é certamente o passo mais difícil, porque exige uma viagem no tempo para imaginar com o que, e com quem, você estará trabalhando.
4. **Expressar:** compartilhar com alguém os itens recém-desarquivados. O ideal é que, uma vez você, tendo encontrado a informação de que precisava, possa transmiti-la para outras pessoas com pouca ou nenhuma massagem adicional.

Se você se classificou como Arquiteto ou Bibliotecário, tenho uma recomendação muito especial para você: o livro de Sönke Ahrens, *Como Escrever Boas Notas*[14], escrito para uma plateia de cientistas e pesquisadores que procuram algo que lhes ajude a tomar notas, escrever e publicar artigos em periódicos especializados. Fica meio nerd aqui e ali, mas tenho certeza que você vai apreciar o rigor científico que ele propõe para tomar notas e organizar seus arquivos!

O livro de Tiago Forte é *Criando um Segundo Cérebro: Um método comprovado para organizar sua vida digital e desbloquear seu potencial criativo*. Como a tradução deixa a desejar, sugiro também o original em inglês *Building a Second Brain*.

Se você prefere Ouvir a Ler, os podcasts estão em inglês no Spotify[15]. Os primeiros nove lidam com os principais mitos populares sobre armazenar informações. Então, se você não quer ler o livro dele, e consegue escutar em inglês, comece pelo podcast 10.

O site dele é o fortelabs.com, em inglês apenas. Inclui uma seção — que compreensivelmente não consta do livro, porque muda o tempo todo — que compara e contrasta os diferentes softwares de organização das informações disponíveis no mercado. Nessa parte do site, há uma ênfase evidente em 1) Captura, o que é bom porque a maioria de nós não faz isso bem. E uma ênfase menor em 2) Aplicativos que facilitam a gente apresentar para outras

14. Como Escrever Boas Notas: Uma técnica simples para melhorar a escrita, o aprendizado e o raciocínio. E o site dele é https://soenkeahrens.de.

15.Disponível em: https://open.spotify.com/episode/46BdDKMSBxYXKpjSoYtP2X?si=-6zZUyHpATjSnLZo5N8eX9A.

pessoas. Menos compreensível, porque hoje em dia quase ninguém pensa sozinho. Como nenhum deles atende bem a todos os quatro quesitos, recomendo que você considere a hipótese de adotar dois ou mais.

1.3 Apresentar as suas Ideias

Edward Tufte não criou a disciplina Representação do Conhecimento (o termo é da IBM, na década de 1980), mas tornou-se seu principal guru. Se você só vai ler um livro dele, o mais pertinente ao que estamos lidando aqui é *Seeing with Fresh Eyes: Meaning, Space, Data, Truth.* Ele é professor em três departamentos de Yale. Faz sentido: estatística, economia e design são três disciplinas que exigem enorme Representação do Conhecimento! Como os livros dele são todos no formato mesa de centro, toda vez que estou na dúvida como vou apresentar uma Ideia, folheio um deles e, entre cosmonautas russos tomando notas a bordo e como as tropas de Napoleão definharam na campanha da Rússia, acabo inspirado sobre a forma de maior impacto de ilustrar minha Ideia.

O PowerPoint é proibido em algumas empresas (Amazon é uma delas) e com boa razão: a técnica de reduzir tudo àquelas bolotinhas — que todo mundo chama de bullets — é reducionista. Reducionista quer dizer que entre uma bolotinha e a seguinte some um montão de significado! Se você ler a monografia de Tufte sobre o PowerPoint[16] é provável que nunca mais queira usar o programa também!

Se você adotar o método Amazon de reuniões, escreva um texto de não mais de seis páginas — inclua os gráficos que tornem mais eloquente sua posição — e reserve os primeiros trinta minutos da reunião para todos fazerem leitura silenciosa.

Se não quiser adotar o método Amazon, mas também não quer usar o PowerPoint, recomendo um dos aplicativos MindMaps[17], para o qual você obrigatoriamente terá que aprender MindMaps primeiro[18]. O que no entanto é opcional para a sua plateia — sempre me encanta a reação entusiasmada de alguém que não conhece MindMaps assistir a uma apresentação feita em MindMap!

16. The Cognitive Style of PowerPoint: Pitching Out Corrupts Within, 2ª ed.
17. mindmaps.app
18. O livro de Tony Buzan é *Mapas Mentais: Métodos criativos para estimular o raciocínio e usar ao máximo o potencial do seu cérebro.*

Use à vontade as ferramentas Toyota (seção 2.8, no Capítulo 2), em particular as cinco perguntas. Eu já estive em uma apresentação — cujo objetivo era solucionar um problema — em que a apresentadora usou o método A3 só até o Passo 5, ou seja, descreveu o problema, mas não propôs solução. Ela usou também o diagrama de Ishikawa para explicar a causa raiz. Depois perguntei aos presentes o que lhes foi mais útil, e as respostas unânimes foram 1) o diagrama de Ishikawa e 2) a parte em que a apresentadora, em vez de dar a solução, relatou como tudo se comportará *após* a solução (item obrigatório do exercício A3).

A partir daqui, darei um passo a passo para um principiante montar uma apresentação persuasiva, sobre um assunto importante para você, para o público interno ou externo, sem precisar acessar nenhuma bibliografia adicional[19]:

Crie uma relação com a plateia antes mesmo de começar

Informe-se previamente sobre seu público: por que vieram, em que a apresentação lhes será útil, quais são os conhecidos que estão na plateia e/ou que vocês têm em comum. Chegue cedo, cumprimente e conecte-se com o público antes da apresentação. Dê-lhes as boas-vindas e *aperte as mãos de alguns deles*. Isso também lhe ajudará a aumentar o seu nível de conforto, além de estabelecer uma relação inicial com a sua plateia.

Relaxe um pouco antes de começar

Um pouco antes de começar, em vez de rever suas anotações, use o tempo para uma conversa positiva consigo mesmo. Lembre-se de que você é o palestrante porque conhece o assunto. *Respire*, descubra uma maneira de relaxar o corpo, sinta-se sorrir conforme vai liberando a tensão do rosto e dos ombros. Os rituais de relaxamento mental e físico lhe prestarão um serviço de muito mais valia do que tentar enfiar à força na cabeça informações, grande parte das quais você já sabe.

Dê à plateia um roteiro rápido de sua apresentação

Dedique os primeiros 1–2 minutos a um resumo, oral ou visual, do que você vai falar. Isso permitirá à sua plateia criar categorias distintas dentro

19. Devo quase tudo a Joy Leach, minha supervisora de coaching em Santa Barbara. Para apresentações remotas, recomendo você ler também a minha seção 2.6, no Capítulo 2. E, se sua plateia for para um ou mais potenciais investidores, também a seção 5.2, no Capítulo 5.

da cabeça deles, onde armazenarão as informações que você dará. "Hoje lidaremos com três ótimas maneiras de mobilizar seus colaboradores" mostra à sua plateia que rumo a apresentação tomará, muito melhor que "hoje falarei sobre como o cérebro humano converte informação em ação". Algumas plateias preferirão também saber logo quais são os *takeaways* que você pretende, isto é, que você descreva o que você espera que as pessoas tenham aprendido no final: "espero que, ao final, vocês compreenderão melhor até onde seus Propósitos pessoais coincidem com os da sua empresa"[20] é muito melhor que "hoje vocês vão aprender como serem mais felizes no trabalho".

Seja memorável

Ser memorável acrescenta impacto e força à sua mensagem. Ao preparar todas as suas apresentações futuras, pergunte-se: "Como faço para a plateia se lembrar daqui a cinco anos dessa apresentação?" Reserve um tempo para perceber e desenvolver uma qualidade que a torne inesquecível. Pode ser que você tenha uma voz maravilhosa, um gestual eficaz, um sorriso cativante, senso de humor ou a capacidade de contar histórias para chegar ao ponto desejado. Descubra qual é a sua característica mais memorável como apresentador.

Incremente sua apresentação com uma história[21]

Histórias servem para — nesta ordem — que os presentes saibam que você entende o mundo deles, são uma forma de transmitir informações via engajamento, e uma maneira de incrementar e animar a sua apresentação. Para fazer com que uma história funcione, você precisa ter um motivo claro para introduzi-la. Saiba o que você quer que a sua plateia aprenda com ela. Conte-a de maneira interessante, dando detalhes relevantes, e certifique-se de que tenha um início, um meio e um fim, para que eles possam entendê-la!

Use o poder da sua voz

A maneira como você usa a voz é um componente-chave para causar impacto e passar a sua mensagem. Trata-se de uma ferramenta poderosa, que

20. Observem meu não uso do verbo Alinhar, coisa tão gasta que perdeu o conteúdo.
21. Mais detalhes sobre Como Contar Histórias na seção 6.6, no Capítulo 6.

você poderá desenvolver facilmente em seu benefício. Lembre-se de prestar atenção a três coisas: tom, ritmo e projeção. Sua voz pode ser seu recurso mais valioso como apresentador!

Mostre energia com gestos positivos

Os gestos pontuam e dão vida à sua mensagem. Adapte seus gestos ao assunto: em excesso, eles distrairão; feitos naturalmente, despertarão o interesse e darão dinamismo à apresentação. O método mais simples e prático é manter os gestos na distância entre a cabeça e a cintura, para que possam ser vistos e pareçam sob controle e profissionais. Observe outros palestrantes para aprender com eles.

Exercite fazer contato visual direto

O contato visual direto ajuda a conectar-se com as pessoas e dá suporte ao estabelecimento de uma relação. Também ajuda a manter controle do que está acontecendo com a sua plateia. Pessoas que estão *captando* transmitem mensagens não verbais inequívocas. Estabeleça contato visual com uma pessoa de cada vez, por cinco a oito segundos, e depois passe para outra. As pessoas da plateia vão gostar de serem notadas e incluídas.

E estes dois últimos itens lidam com a parte de Perguntas e Respostas ao final:

Esclareça perguntas para si mesmo e para a sua plateia

Nem todo mundo articula claramente a pergunta que tem em mente. Pode ser que você fique se perguntando se realmente entendeu a pergunta. Você pode querer reformulá-la dizendo "Você está me perguntando sobre...?" ou "Estou no caminho certo?".

Explicite perguntas camufladas dentro de uma pergunta

Perguntas retóricas e hipotéticas quase sempre significam que há uma preocupação subjacente que não está sendo verbalizada. Use todos os meios para explicitar a verdadeira pergunta: "Você está preocupado que os clientes possam achar confuso o processo de faturamento?" Como palestrante, você ganhará o respeito da plateia por ir direto ao xis da questão. E fique atento para o que não está sendo dito!

1.4 Pensar Coletivamente

Hoje em dia, grande parte da nossa produção intelectual dentro da empresa acontece em equipe. E para que o resultado disso exceda a soma das partes, Daniel Dennett recomendou minimamente incorporarmos as seguintes três:

1. Crie um protocolo para discordâncias, mas alerte a todos que essa habilidade exige aprimoramento contínuo. Toda vez que alguém quiser discordar de alguém:

   a. expresse o ponto de vista da outra parte tão claramente que ela dirá "Xi, eu gostaria de ter me expressado assim." Mesmo que não diga, com certeza apreciará silenciosamente seu esforço honesto em fazer isso;
   b. liste onde concorda, em particular onde não haja concordância geral;
   c. mencione o que aprendeu com a outra parte;
   d. só então você pode expressar suas críticas e discordâncias.

2. Entenda — e divulgue — a diferença entre Opinião e Crença. Porque *Ação presume Crença*. Então não basta as pessoas concordarem com você[22]. Elas só vão agir quando acreditarem em você!
3. Crie outro protocolo para lidar com subexplicações. Por que as pessoas subexplicam?

   - quem teve uma ideia já percorreu o passo a passo dela tantas vezes que muito provavelmente acaba sem paciência para explicar para os outros;
   - quem teve uma ideia frequentemente presume corretamente que os outros às vezes têm formas bem particulares de pensar as coisas, não necessariamente compatíveis com as suas. E tentam evitar o potencial conflito;
   - quem ouve uma explicação às vezes sente sua inteligência insultada se alguém tentar lhe explicar *detalhadamente* o que pensou.

   Que mais?

   Ao convocar a reunião, descreva o Propósito dela, e o que você espera que tenha acontecido ao final dela.

---

22. Quem não se lembra de ter passado horas em reunião tentando convencer a todos a adotar determinado plano de ação, e logo depois ver pouco ou nada acontecendo?

Tenha sempre um Dever de Casa prévio: prepare, ou peça a alguém para preparar, uma definição clara do que aquela reunião pretende resolver. Experimente usar uma ferramenta A3 (seção 2.8, no Capítulo 2) para isso. Distribua previamente, ou — se você já migrou para o modelo Amazon — distribua no início e dedique os primeiros minutos à leitura silenciosa.

Evite o tal do *brainstorming*. Permitir que todos lancem ideias, algumas a esmo e de forma irresponsável, é uma perda de tempo para todos. Em vez disso, considere o *ideastorming* que propus em meu livro anterior:

1. No início da reunião, ponha em cima da mesa algumas dezenas de folhas A4.
2. Instrua cada um dos presentes que tiver uma ideia que a descreva em uma das folhas, e depois ponha em uma única pilha no meio da mesa.
3. Todo mundo que puser uma folha na pilha deve pegar a esmo uma das folhas já na pilha, ler a ideia da outra pessoa, escrever na mesma folha tudo que lhe vier à mente sobre como expandi-la, e pôr a folha de volta na pilha. Se não tiver nada a agregar, devolver a folha à pilha e pegar outra.
4. Você como líder da conversa notará claramente quando as pessoas não mais tiverem nada a agregar (elas param de escrever e ficam olhando fixamente para a pilha!). Pregue 5 a 6 folhas de flipchart nas paredes da sala, pegue a pilha de papéis sobre a mesa, organize as ideias semelhantes entre si, e dedique cada flipchart a uma ideia diferente.
5. Agora seu foco é moderar a discussão acalorada!

Se sua equipe tiver um Responsável por Documentação (fortemente recomendado na seção 2.3, no Capítulo 2), certifique-se de que ela tenha toda a informação necessária antes, durante, e depois da reunião.

E, por último, mas não menos importante: investigue como que uma ferramenta de IA pode assumir o papel de "Escrivão da Frota" nas suas reuniões de Pensar Coletivamente. Assistida[23] ou não por um humano.

23. Eu tenho visto IA funcionando muito bem nesse modo copiloto.

2

PROJETOS

O PRIMEIRO PASSO PARA A CONVERSÃO DE UMA IDEIA EM REALIDADE é o Projeto. Aqui, você e seus colaboradores estarão pensando em Modo Projeto. A forma do produto final não é tão importante quanto o seu conteúdo. E todos saberão que o conteúdo será satisfatório se incluir minimamente Direção e Velocidade de cada um dos envolvidos nas etapas seguintes. Neste capítulo, vamos primeiro (seção 2.1) definir as diferenças entre Grupo e Equipe, e porque essa distinção pode ser menos crítica do que você pensa. Depois vamos mostrar o que mais interessa do plano de trabalho (2.2), divisão de responsabilidades entre as pessoas e a IA (2.3), e por que o Planejamento (2.4) não deve nem pode ser tão rígido como pensávamos antigamente. Segurança Psicológica e Melhoria Contínua são dois temas entrelaçados, ambos críticos para o sucesso de sua Execução (2.5). A seção 2.6 é sobre como fazer Discussões Internas altamente produtivas, a primeira das quais será escolher entre quatro estratégias diferentes para seu startup. Dois temas entrelaçados aparecem na seção 2.7: Qualidade e Lições Aprendidas. Apresento as Ferramentas Toyota na seção 2.8 e na seção 2.9 como disciplinar/monitorar a Expansão de seu futuro startup.

2.1 A Diferença Entre um Grupo e uma Equipe

Jon Katzenbach[1] nos ensinou que "nem todo grupo é uma equipe". E caracterizou o que é uma equipe[2]:

1. Jon Katzenbach e Douglas Smith: *A Forca e o Poder das Equipes.*

2. Neste livro, usarei o termo Equipe querendo dizer ambos. Até porque mesmo as melhores Equipes têm seus momentos Grupo.

- número pequeno de participantes com habilidades complementares (no máximo nove pessoas, segundo o critério de Katzenbach que batizei "tem que caber em uma Kombi");
- responsabilidade compartilhada, resultado de alto nível de confiança mútua e interdependência;
- metas de desempenho agressivas, e grande respeito com prazos e orçamentos;
- planejamento estreitamente conectado com execução;
- escaneamento permanente do ambiente externo[3], para identificar oportunidades e ameaças.

A verdade é que nem sempre precisamos preencher todos os itens acima: boa parte dos problemas desse mundo podem ser resolvidos por pessoas tecnicamente qualificadas e com alguma habilidade interpessoal que, na maioria dos casos, postas em uma sala com uma definição precisa do que se espera delas (exemplo: respostas caprichadas às cinco perguntas Toyota, seção 2.8) entregarão o que se espera. Então, tanto quanto pode ser ultracharmoso chamar seu grupo de equipe, isso nem sempre é necessário[4].

Também é verdade que criar uma equipe de alto desempenho *à la* Katzenbach leva tempo e custa dinheiro, afeta a maneira como a empresa recruta, treina e desenvolve pessoas, mede desempenho, e como aprende quando desliga quem não desempenha. Isso tudo *mexe com a cultura* da empresa.

Embora seja fácil identificar uma equipe de alto desempenho, a maioria das pessoas não sabe verbalizar muito bem por que acham isso, ou mesmo como criar uma. O que você como líder pode/deve fazer?

1. Defina cuidadosamente o propósito da equipe: por que existimos?
2. Invista pesado na sincronia entre as pessoas (o tal Remar Juntos, metáfora poderosa): nós realmente compartilhamos responsabilidades? Ou toda vez que algo dá errado alguém aponta o dedo para outro alguém?[5]
3. Insista na clareza dos seus objetivos, até todos saberem responder às cinco perguntas Toyota sobre o projeto em noventa segundos (uma viagem de elevador).

---

3. Começando com as onze direções de Amy Webb. Vide seção 4.2.
4. E só usarei Grupo quando me referir especificamente a não equipes (conforme Katzenbach).
5. Embora autores best-sellers como Ray Dalio, Ram Charan e Patrick Lencioni, além do próprio Katzenbach, batam muito nessa tecla, a triste realidade é que a maioria das empresas, incluindo startups, dá pouca ênfase a esse tema.

4. Lembre-se de que os laços entre as pessoas devem ser de confiança, não de afinidade, nem muito menos de similaridade.
5. Facilite/Simplifique/Atue como embaixador nas conexões entre sua equipe de alto desempenho e o resto da empresa/mundo exterior.
6. Celebre pequenas, médias e grandes vitórias.
7. Juntos, analisem regularmente como tudo pode ser feito melhor, e que lições aprenderam, em particular (1) quando algo deu errado e (2) antes de dar um projeto como concluído (seção 2.5).
8. E, por último, mas não menos importante, curta muito! Trabalhar em uma equipe de alto desempenho é um dos grandes prazeres da vida.

Explore seriamente a hipótese de uma ferramenta de IA ser mais um membro de seu grupo/equipe. Comece pedindo a ela que, toda segunda-feira, resuma o trabalho da semana anterior. Faça isso de uma forma que permita acessar rapidamente qualquer assunto tratado no passado. Já vi uma IA assim e funciona muito bem!

Depois vá expandindo para incluir uma memória dos Erros que seu grupo/equipe cometeu, como descobriram, como corrigiram e o que aprenderam.

Se o seu objetivo é criar uma Empresa para construir e comercializar a sua Ideia, peça à IA para mostrar que providências de Propriedade Intelectual (seção 2.6), e de Governança/ESG (seção 7.1, no Capítulo 7) você precisa embutir logo no princípio. Isso deve incluir quais Permissões você pode automatizar.

2.2 Plano de Trabalho

Dwight Eisenhower famosamente disse algo do tipo "planos não servem para nada, mas planejamento é tudo". Isso gerou muitas interpretações. A minha é que: 1) como bom militar, ele pensava em Clausewitz ("Nenhum plano sobrevive ao primeiro contato com o inimigo"), e 2) criar uma mentalidade de planejamento é muito importante para a eficácia e harmonia de toda equipe, muito mais que o conteúdo do planejamento em si.

Então 1) enxergue essa etapa como forma de manter todas as pessoas na mesma página e 2) esteja preparado para daqui para a frente rever seus planos, às vezes profundamente. No mundo de hoje, a flexibilidade é mais importante que ter um Plano de Negócios lindo cujo destino é ir encadernado para a estante.

No primeiro momento, não perca muito tempo tentando gerar um plano de trabalho altamente detalhado. Melhor listar na lousa branca as 5–6 coisas que — todos concordam — precisa acontecer (pergunte: o que falta para chamarmos isso de "pronto"?). E em seguida focalizar as variáveis exógenas que podem descarrilhar (seção 4.2, no Capítulo 4) seus melhores planos. Algumas equipes altamente eficazes definem um "freeze date"[6], 2–3 semanas à frente a partir da qual haverá um plano detalhado. Mas nunca imexível!

Resista à tentação usual de criar datas certas para as reuniões de projeto (de onde vem essa obsessão com segundas de manhã?). Em vez disso, crie uma regra: qualquer membro da equipe pode marcar uma reunião com quinze minutos de aviso prévio caso aquela pessoa enxergue um obstáculo intransponível. Fora isso, quem precisa trabalhar junto vai trabalhar junto, e marcará suas próprias reuniões.

O Líder de Documentação (seção 2.3) seja IA, seja humano, seja humano aumentado por IA, deverá ter uma cópia de tudo que acontece no projeto, e deve ser capaz de gerar um relatório de progresso com quinze minutos de aviso prévio[7]. Repito a regra de ouro de qualquer projeto: se o Líder de Documentação não tem determinado documento, ele não existe!

2.3 Divisão de Responsabilidades

Você, como Líder de Projeto, vai precisar oscilar entre o Modo Grupo e o Modo Equipe na sua gestão das pessoas. Em Modo Grupo, sinto informar que você terá alguns breves momentos de microgestão. Mas, quando em Modo Equipe, seu envolvimento será muito menor, porque a responsabilidade já estará compartilhada. Em ambos os modos, aproxime-se de cada um dos colaboradores sempre com a pergunta:

---

6. Meu amigo Magnus Lagerkvist (www.lagerkvist.se) consultor em Estocolmo tem uma cláusula contratual, pela qual a partir do 15° dia útil do projeto o cliente não mexe mais na especificação, nem ele mexe mais no preço. Em 5% dos casos (1 cliente em cada 20), eles no finzinho do projeto estão trabalhando de graça, mas imagine só o conforto psicológico dos outros 19 clientes deles!

7. Alguns aplicativos de gestão de projetos identificam cada etapa com Verde (dentro do prazo), Amarelo (pode não cumprir o prazo) e Vermelho (atrasado).

Que obstáculos você gostaria que eu removesse para tornar seu trabalho mais eficaz?

Líder de Projeto e Chefe da Equipe não precisam ser a mesma pessoa, mas se for duas, a sintonia entre essas duas pessoas tem que ser muito grande. Isso será inevitável se você como Líder de Projeto estiver simultânea e altamente envolvido com a captação de novos investimentos, liderando outros projetos e/ou liderando o dia a dia de uma empresa já em pleno funcionamento.

Projetos de TI e de Engenharia exigirão um Chefe Técnico reportando direto ao Chefe da Equipe.

Toda equipe de projeto tem que ter uma pessoa (seja IA ou pessoa + IA) encarregada de Gestão de Documentos. A regra pode soar rígida, mas lá vai: ***um documento só existe se Gestão de Documentos for copiada***. Esse papel pode ser entregue a uma IA, no todo ou em parte, com algumas vantagens: a IA tem paciência infinita, não faz o jogo do favorito, nem faz julgamentos de valor.

Outro personagem fundamental é o Escaneador do Ambiente Externo (último item da lista de Katzenbach, seção 2.1) que busca eventos disruptores que possam tornar-se oportunidades/ameaças ao projeto. Essa pessoa, munida da lista de onze disruptores da Amy Webb (seção 4.2, no Capítulo 4), publicará um relatório para todos os membros toda vez que identificar algo (ou alguém da equipe identificar algo), e pode pedir uma reunião com 24 horas de aviso prévio. Essa atribuição de Escaneador, no entanto, não esvazia a responsabilidade de todos os colaboradores de escanear o ambiente externo. Então se você estiver em modo Equipe e as pessoas desempenham muito bem seus papéis, já vi funcionar muito bem cada membro da equipe se encarregar de um ou mais dos onze itens de Amy Webb, e você não precisará mais de um Escaneador de Ambiente Externo.

Também já vi algumas equipes em que a pessoa encarregada de Gestão de Documentos acumula a incumbência de Escanear o Ambiente Externo. Essa solução exige na dupla função uma pessoa muito especial (possivelmente assistida por uma IA), e pode resultar em substancial desburocratização do projeto inteiro.

Além das atribuições óbvias de cada pessoa conforme suas habilidades técnicas, tente trazer alguma diversidade na hora de distribuir as habilidades interpessoais. Por exemplo, um Chefe Técnico que sabe tudo sobre os aspectos técnicos do projeto jamais será um bom Chefe Técnico se não tiver excelentes habilidades de Escutar, Perguntar, Desenvolver os Outros e Visão de Helicóptero.

E se você ler a seção 6.4 (no Capítulo 6), verá que a tentação de entregar papéis-chave da equipe a homens brancos ex-alunos da Poli da USP não é necessariamente uma boa ideia.

Por último, mas não menos importante, selecione alguns temas críticos do seu projeto e nomeie uma *go-to person* para cada um. *Essa pessoa não só domina aquele assunto como também gosta de compartilhar seu conhecimento.* E uma pessoa pode ser *go-to person* para mais de um tema. Temas em que já vi essa solução *go-to person* funcionar espetacularmente bem:

- impostos indiretos;
- manuseio de rejeitos ambientalmente sensíveis;
- trabalho em espaço confinado;
- saúde e segurança no trabalho;
- identificar itens repetitivos padronizáveis do projeto/expansão;
- ajuda na confecção de relatório A3 (seção 2.8).

Selecione os 3–5 temas mais críticos para o sucesso do seu Projeto e nomeie *go-to persons* para cada um. Pela duração do Projeto, todos saberão que Fulana é a *go-to person* para aquele assunto, e a procurarão toda vez que precisarem de ajuda.

2.4 Planejamento do Projeto

Lembre-se de que:

- a redução de incerteza é uma tentação comum entre nós humanos. Isso pode gerar planos de trabalho que são rígidos demais. Tente, desde os primeiros momentos, embutir alguma flexibilidade nos seus planos;
- variáveis exógenas podem turbinar ou arruinar seus planos. O Escaneador do Ambiente Externo deve criar um monitoramento delas. Elas podem vir de onze direções diferentes, conforme explico na seção 4.2 (Capítulo 4);
- uma reclamação muito comum em startups de TI é que a organização interna do Projeto tende a eternizar-se na futura empresa. Isso não é necessariamente ruim.

Erin Scott (seção 2.6) nos mostra quatro estratégias de desenvolvimento da sua Startup, e que você deve começar com duas e depois afunilar para uma. Cada uma dessas estratégias exige um planejamento diferente de projeto, então vale a pena primeiro escolher duas das quarto estratégias dela.

Havendo feito isso, a próxima pergunta é:

Como embutir toda a flexibilidade possível no seu projeto? Óbvio que todo planejamento precisa minimamente incluir Marcos de Quilometragem, ou não teremos indicadores de progresso que nos permitam saber como estamos progredindo.

Esteja preparado para rever profundamente qualquer plano que você e sua equipe desenvolvam neste primeiro momento. Certifique-se de ter coberto todas as bases da seção 2.2. E toda vez que fizer isso, é fundamental negociar/renegociar marcos de quilometragem com sua equipe.

2.5 Execução, Segurança Psicológica e Melhoria Contínua

O PMI — Project Management Institute — foi criado em 1969 para 1) estabelecer o conteúdo mínimo da profissão de Gestor de Projetos, 2) fornecer treinamento e certificação para essas pessoas. Esse trabalho tem sido muito sólido e consistente, e hoje existem cursos de certificação em diversos lugares do planeta. Algumas pessoas, no entanto, podem achar que o conteúdo do PMI é um pouco antigo, até porque ainda não lida bem com IA. Hoje as pessoas se referem à cartilha PMI como PMBOK (Project Management Book of Knowledge), mas existem outras técnicas mais modernas, como AGILE, SCRUM e PRINCE2[8].

Um Gestor de Projetos é capaz de:

- apresentar um plano detalhado para executar algo complexo, seja uma fábrica, um navio ou um software;
- negociar/renegociar recursos humanos, físicos, financeiros e tecnológicos para essa execução;
- liderar essa execução, coordenando equipes multidisciplinares e interagindo com fornecedores e subempreiteiros. Isso inclui obter licenças,

8. Procure no YouTube pelos vídeos de Mario Trentim. Neste, https://youtu.be/p8xI_DNvPcc?-si=Qj2YOJJ01d5fYqgH, por exemplo, ele mostra as diferenças entre AGIL e PMBOK.

renegociar preços, prazos e configurações do projeto sempre que for necessário, e lidar com entidades regulatórias;

- fazer apresentações e relatórios de progresso para investidores e outros interessados, destacando o progresso físico e financeiro do projeto;
- ser o líder de Conteúdo de tudo que a equipe gerar, seja Resultado, seja Documentação.

Claro que não basta o Gestor entender de Gestão de Projetos. É necessário também conhecimento de, e experiência com, a disciplina específica, seja a construção de navios ou a programação do software.

Algumas empresas dissociaram com sucesso esses dois papéis (exemplo Ericsson com seu PMO — Project Management Office), ao qual cada Líder de Conteúdo tem seu contraparte Gestor de Projetos lá dentro . Isso pode ser útil em empresas (como a Ericsson) que têm diversos projetos complexos em andamento constantemente, e por isso precisam de uma central que assegure consistência e adesão a melhores práticas, e seja capaz de reportar progresso de forma permanente. Mas é provavelmente um complicômetro desnecessário para a maioria das empresas.

E os critérios PMI (conteúdo dos programas e suficiência das credenciais) são amplamente aceitos em todo o planeta[9], embora nada impeça que você seja um excelente Gestor de Projetos sem ter passado a menos de seis quarteirões de uma unidade PMI. Para esses, recomendo fazer a prova para oficializar seu conhecimento. A primeira certificação se chama PMP, e para pleitear uma credencial PMP você precisa primeiro preencher certos requisitos e depois fazer uma prova com 180 perguntas.

Recomendo que no seu grupo haja pelo menos uma pessoa credenciada em Gestão de Projetos pelo PMI. Para maiores detalhes, acesse o site pmi.org e depois altere o idioma para português. Se estiver iniciando uma grande reorganização de uma empresa já existente, considere o credenciamento PMI de alguém da equipe em Transformação Organizacional (OT) feito remotamente em três etapas.

9. Algumas empresas (ex.: Petrobras) exigem de seus fornecedores que seja credenciada pelo menos aquela pessoa dentro do fornecedor que fará a interface oficial futura com a empresa. E que essa pessoa ("ponto focal", no dialeto Shell) seja identificada no contrato.

Agora quero escrever sobre dois temas fundamentais para a execução bem-sucedida: Segurança Psicológica e Melhoria Contínua, itens que menciono neste ponto do livro porque valem a pena implantar ainda agora na fase de execução do projeto, e que renderão dividendos espetaculares no futuro da sua empresa.

Amy Edmondson é professora da Harvard Business School que dedicou os últimos vinte anos a pesquisar as principais razões do sucesso (ou não) de pessoas que trabalham juntas. O mais importante de todos é o que ela chama Segurança Psicológica: o medo de errar é o principal obstáculo para a comunicação aberta[10].

- Por que as pessoas têm medo de dizer a verdade? Para o chefe? Para os colegas?
- Quais são custos de não dizer a verdade?

Mais uma informação inquietante: Rita McGrath fala (no podcast que menciono no rodapé anterior) de pontos de inflexão nas empresas (vide seção 4.2, Capítulo 4) e diz que em *todas* as empresas que ela visitou *depois* de terem perdido um ponto de inflexão, *sempre* havia uma pessoa que sabia de antemão, e não soou o alarme porque teve medo de fazê-lo![11].

Tem uma mensagem importante aqui para você como líder: grande parte da responsabilidade pelo sucesso dessa iniciativa se deve a você! Lembre-se de que suas palavras e comportamento podem ter uma influência enorme no clima das conversas. Afinal, você é o chefe, e as pessoas não só querem obedecer como também acabam emulando alguns dos seus comportamentos. Então, preste atenção, em particular para as conversas que morreram porque você entrou na sala e/ou falou alguma coisa.

Em 2017, fui convidado para participar de uma reunião com empresas estrangeiras de Private Equity para viabilizar um projeto grande de energia eólica no Brasil. Uma delas, israelense, foi logo perguntando se as pessoas

10. O livro dela é *A Organização Sem Medo: Criando segurança psicológica no local de trabalho para aprendizado, inovação e crescimento*. Se prefere ouvir (em inglês) a ler, este é um podcast sensacional dela com Rita McGrath em https://open.spotify.com/episode/4OqJ25tz8roibA6dyc1jI9?si=3buTGH5NTfa-kJZlxlAvTQ.

11. Medo de ser o "gambá que estragou o piquenique", conforme as duas — Rita McGrath e Amy Edmondson — batizaram, no podcast, essa terrível síndrome.

engajadas no projeto já haviam falhado antes. Ante a surpresa de todos, explicou que pessoas que já falharam no passado têm 1) uma vontade maior de dar certo e 2) particular respeito pelo capital investido. E informou que só investem em empresas cujas pessoas já falharam.

Como incorporar na cultura da sua empresa uma postura pela qual erros devem ser discutidos, divulgados e até celebrados?

Afinal, desde a faculdade somos treinados para *errar menos*. Em empresas grandes e estabelecidas há muitos anos, imagino que esse mantra continue valendo. Proponho aqui substituir *errar menos* por *errar mais depressa*. Eis o meu roteiro para levar o erro de volta ao lugar que merece, uma oportunidade de aprendizado para todos:

- trate um fracasso como um aprendizado para todos, provocando para que pensem menos na porta que o Erro fechou, e mais nas portas que se abrem para outras soluções. Mencione o Departamento de Pesquisa das empresas farmacêuticas, onde 99% dos experimentos não dão em nada, mas todo mundo aprende algo para a próxima pesquisa;
- não leve para o lado pessoal. Quem decide pode errar. Quem não decide já errou;
- lembre-se de que algumas pessoas — quando se manifestam — tendem a exagerar. Rita McGrath menciona isso no podcast citado. Tem gente que faz isso por medo, tem gente que gosta da hipérbole para frisar o que diz. E tem quem esteja genuinamente aflito porque viu algo que ninguém mais viu. Dê um desconto, e prepare-se para dar um desconto grande!

Tem mais: observe que qualquer iniciativa sua como líder de empresa de criar uma cultura de *Transparência Radical* necessariamente passa pela criação de uma cultura de Erro Rápido.

No dia em que ouvir alguém orgulhosamente descrevendo um erro que fez, como o descobriu rapidamente, como corrigiu o rumo e como compartilhou a experiência para que não se repita, você saberá que implantou com sucesso a Cultura do Erro Rápido!

Agora quero escrever sobre Melhoria Contínua. Um tema entrelaçado, porque aprender com os erros é uma forma de Melhoria Contínua.

O livro de Neuza Chaves é um manual de campo[12], e como tal bem direto e objetivo. Como foi criado para uma empresa já em pleno funcionamento, com centenas/milhares de colaboradores, e alguns de vocês estão em regime de startup/scaleup, a seguir vou descrever que partes da Melhoria Contínua você e sua equipe precisam abraçar agora. Isso porque Melhoria Contínua deveria fazer parte da descrição de cargo de todas as pessoas dessa sua equipe que está transformando uma Ideia em uma Empresa. Se você atribuir a incumbência a uma só pessoa, acontecerão duas coisas:

- aquela pessoa vai passar o dia procurando oportunidades de melhoria contínua, e, além de enlouquecer os outros, não vai fazer mais nada;
- você correrá o risco de esvaziar o assunto para os outros membros da equipe, que não se sentirão mais corresponsáveis pela iniciativa.

Então, enxergue Melhoria Contínua como o ambiente em que você e sua equipe vão juntar todas as ferramentas deste livro, agora e depois que sua empresa já estiver funcionando a todo vapor. Isso significa que todos devem:

- praticar e, evangelizar os outros para, melhorar todos os dias a maneira de funcionar da empresa, e a satisfação de cada um de trabalhar lá;
- usar, e carregar para o futuro, as práticas de Segurança Psicológica, Ferramentas Toyota, Lições Aprendidas, Cenários e Cynefin;
- enxergar seu trabalho como *puxado* pela demanda do cliente final, em vez de *empurrado* pela disponibilidade de recursos físicos, financeiros e tecnológicos da empresa.

Melhoria Contínua envolve criar-se uma mentalidade em toda a equipe para:

- redução de desperdício;
- redução de retrabalho;
- redução de custo sem prejuízo de Qualidade;
- questionar o processo de produção (inclusive produção de ideias);

---

12. Livro *Equipes de Melhoria Contínua*, sensacional, e o mercado o reconhece como tal porque já está na 5ª edição:. Ela adota a metodologia PDCA, que é compatível com as ferramentas Toyota da seção 2.8.

- questionar a cadeia de suprimentos (o que não é o mesmo que importunar continuamente seus fornecedores para reduzir preços e acelerar entregas)[13].

Evite também criar reuniões periódicas para lidar com Melhoria Contínua. Como o próprio nome diz, a atenção ao tema deve ser contínua. E de todos.

Só peça uma reunião se alguém estiver propondo uma Melhoria que pode resultar em menor satisfação de todos em trabalhar lá, perda de qualidade para o seu trabalho, para o trabalho de algum fornecedor, e/ou para o produto/serviço final, que essa pessoa porventura não enxergou quando propôs. Aqui você pode e deve exercer seu direito de espernear! Isso inclui:

- infringir algum princípio de Governança (seção 7.1, no Capítulo 7), em particular o Princípio da Eternidade (essa melhoria proposta pode hipotecar o futuro da empresa);
- envolver potencial risco de Saúde, Segurança e Meio Ambiente.

2.6 Discussões Internas e o Modelo de Erin Scott *et al.*

Presumo aqui que você e sua equipe já debateram a seção 2.4, ou seja:

- já criaram, e praticam — embora ainda não com desembaraço — uma forma de lidar com discordâncias;
- todo mundo compreende a diferença entre Opinião e Crença. E seguem aprimorando seu entendimento e prática disso: *Ação presume Crença!*;
- já criaram, e praticam, ainda com algum embaraço, um jeito de lidar com alguém que subexplica o que fez;
- todos estão progredindo rapidamente no método de *ideastorming* ou assemelhado que escolheram;
- todo mundo que convoca uma reunião descreve o Propósito dela, o que se espera que resulte ao final dela, e manda um Dever de Casa diferente para cada participante fazer antes da reunião, que deve trazer pronto para a reunião;

---

13. O jeito Toyota de lidar com fornecedores é tratá-los como parte do "ecossistema" da sua empresa. Isso significa um canal permanente de informação com total transparência de qualidade, preços, prazos e margens. Sempre movido pela demanda ("pull") do cliente final. Vide seção 2.8.

- uma pessoa é Responsável por Documentação, já está treinada para isso, e todos os participantes copiam essa pessoa em todo o material que flui no projeto.

Presumo também que a discussão descrita em 2.5 (Execução, Segurança Psicológica, e Melhoria Contínua) já aconteceu, e todos os participantes estão bem confortáveis com todos os princípios e conceitos apresentados, e já praticam/demonstram bastante progresso com os comportamentos e atitudes apresentados ali.

Como essas situações citadas também presumem Melhoria Contínua, ninguém espera que todos estejam superfluentes em tudo neste momento. O importante é que todos estejam engajados em melhorar continuamente daqui para a frente.

O primeiro item a decidir é qual dos quatro modelos de startup usar. Aqui, seguirei a metodologia proposta por Gans, Scott e Stern no livro *Entrepreneurship: Choice and Strategy.*

Você e sua equipe devem começar fazendo as seguintes perguntas, visando ter alguma ideia do potencial de criação de valor da tecnologia que estão criando:

1. Quais são as potenciais aplicações para essa nova tecnologia? Quem serão nossos clientes imediatos? Quem serão nossos clientes finais?
2. Deveríamos ir a mercado com o estágio atual de desenvolvimento de nossa tecnologia? Caso prossigamos agora, quais são as métricas de desempenho que devemos priorizar agora?
3. Que recursos deveríamos adquirir? Que capacidades devemos construir internamente? Como conciliar nossas escolhas tecnológicas com nossa estratégia de chegar ao mercado?
4. Deveríamos nos associar a empresas já estabelecidas? Caso sim, quando e como?

Assisti a uma apresentação feita pela professora. Erin Scott (Senior Lecturer da MIT Sloan) no Rio de Janeiro em junho de 2024. O livro[14] ainda levaria alguns meses para ser publicado. Respostas às perguntas anteriores geram dois eixos de decisão:

14. Joshua Gans, Erin L. Scott e Scott Stern: *Entrepreneurship: Choice and Strategy*, W.W. Norton & Company.

No eixo vertical: se nossa ênfase deverá ser Controle, ou se devamos focalizar a Execução?

No eixo horizontal: se vamos colaborar com empresas já estabelecidas, ou se vamos competir com elas?

Isso gera quatro possíveis estratégias:

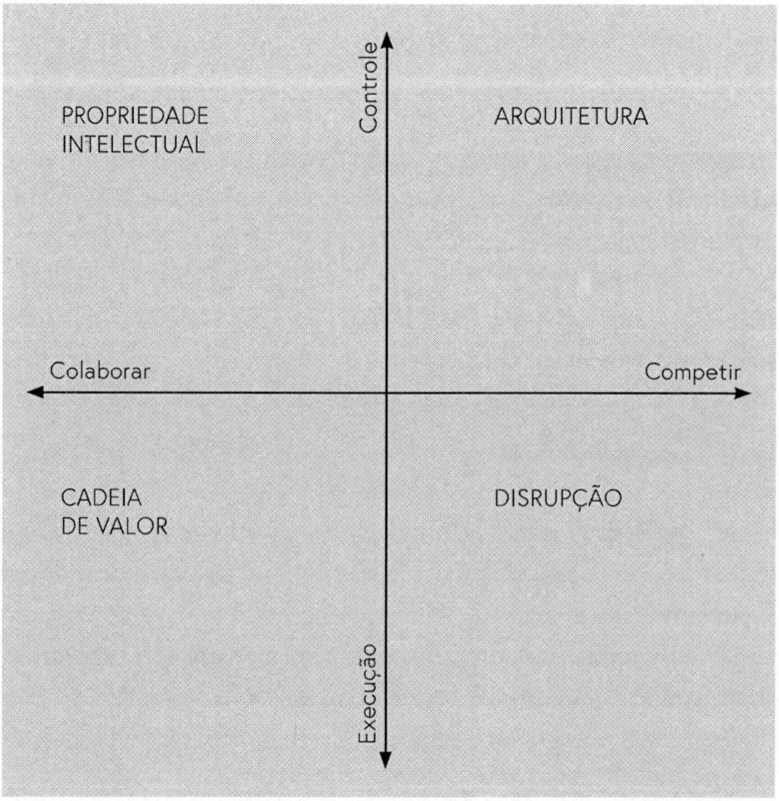

FIGURA 2.1 Os quatro quadrantes de Erin Scott *et al.*

Quando Erin Scott apresenta essas estratégias, recomenda testar dois dos quatro modelos e depois escolher um. Com isso em mente, descrevo a seguir cada um deles. Observe que as quatro perguntas anteriores têm respostas específicas para cada estratégia:

Modo Propriedade Intelectual:

Você e sua equipe precisarão responder a estas três perguntas simultaneamente, uma vez que 1) haverá interpenetração entre clientes e concorrentes, e 2) sua futura compatibilidade tecnológica com eles será fator decisivo para qualquer aproximação com eles:

Quem serão seus clientes?

Qual será a sua tecnologia?

Quem serão seus concorrentes?

Qual será a sua organização interna? Muito pouca, uma vez que o papel futuro da sua empresa será apenas gerenciar a renda futura oriunda de seu licenciamento 1da tecnologia, bem como, naturalmente, o arcabouço legal para garantir a sobrevivência de seus direitos de propriedade intelectual.

Observe que patentear sua ideia é a primeira providência de quem pretende seguir essa estratégia.

Aqui, ela deu o exemplo da Dolby, empresa norte-americana que décadas atrás desenvolveu uma metodologia para reprodução de sons que não só elimina ruídos como dá a quem escuta uma sensação de profundidade nos sons que ouve. A Dolby rapidamente tornou-se o padrão global para reprodução não só de música como do áudio de filmes e vídeos. Essa empresa se aprimora permanentemente, hoje tem um faturamento anual na casa dos bilhões, o virtual monopólio global do seu ramo, e nunca fabricou nada.

Modo Arquitetura:

Essa estratégia é recomendada principalmente para empresas que pretendem criar um mercado que ainda não existe, mas que preenche uma necessidade de mercado que muitos de nós nem imaginávamos que existia.

Quem serão seus clientes?

Qual será a sua tecnologia?

Quem serão seus concorrentes? Você ainda não sabe. Nem eles. Mas vale a pena explorar diferentes cenários de concorrência, uma vez que você ainda não sabe como o mercado reagirá.

Qual será a sua organização interna? Vale a pena pensar direitinho sobre que organização interna você vai precisar. E também qual a flexibilidade futura que sua organização deverá ter em seguida ao lançamento. Porque embora alguns de seus futuros concorrentes ainda não tenham uma noção muito completa da ameaça que sua empresa está prestes a representar para eles, eles certamente reagirão rapidamente.

Se vocês adotarem esse caminho, convém atrasar ao máximo o registro das patentes.

O exemplo que ela menciona aqui é a OpenTable, empresa norte-americana que produz um aplicativo para telefone celular que localiza mesas disponíveis em restaurantes na sua redondeza, conforme suas preferências culinárias e restrições alimentares.

Modo Cadeia de Valor:

Aqui também é fundamental obter o registro da patente logo na primeira hora.

Quem serão seus clientes? Provavelmente, alguns serão também concorrentes. Vide a seguir.

Qual será a sua tecnologia? Muito importante saber e descrever exatamente qual será.

Quem serão seus concorrentes? Na realidade, seus concorrentes provavelmente serão seus potenciais parceiros, e sua aproximação com eles, sob o argumento de que você aprimorará a cadeia de valor deles, muito provavelmente será bem recebida.

Qual será a sua organização interna? Mínima, uma vez que seu novo parceiro estratégico fornecerá não só a infraestrutura interna como também os canais de distribuição.

A título de exemplo de empresa que seguiu esse caminho, Erin menciona a FoxConn, empresa de chips cuja arquitetura foi deliberadamente projetada para serem acoplados a chips já existentes no mercado

Modo Disrupção:

Aqui vocês terão optado por enfrentar frontalmente as empresas já estabelecidas no mercado, e precisará não só focar a execução como abrir mão parcialmente de controle, e alterar continuamente suas táticas para lidar com concorrentes estabelecidos e tomar deles preciosas fatias de mercado.

Desnecessário dizer que o registro da patente também deve ser postergado.

Quem serão seus clientes? Importante definir isso com detalhes, bem como ajustar continuamente após o lançamento. Essa opção presume que cada cliente será conquistado palmo a palmo no mercado.

Qual será a sua tecnologia? Aqui a patente é igualmente importante, mas não é prioridade primeira, uma vez que seus futuros concorrentes provavelmente monitoram o processo de concessão de patentes. Se você pedir registro muito cedo, corre o risco de já ter concorrentes organizados para lidar com sua empresa antes mesmo de vocês chegarem ao mercado.

Quem serão seus concorrentes? Quem escolhe esse caminho já sabe direitinho quem serão seus concorrentes. E pode ser óbvio para vocês, mas não necessariamente óbvio para eles.

Qual será a sua organização interna? Essa será talvez a mais complexa das quatro, porque vocês terão que competir com empresas já estabelecidas no mercado, que potencialmente não só já terão marcas fortes como também farão de tudo para preservar o que já criaram.

O melhor exemplo aqui de empresa muito bem-sucedida que seguiu essa estratégia foi a empresa de software corporativo Salesforce.

Erin Scott, na palestra, recomendou que cada futura startup escolha duas das quatro estratégias citadas, e mais à frente afunile para uma.

Ela entende que isso causa potencial conflito no que se refere ao registro da patente, porque os Modos PI e Cadeia de Valor exigem o registro imediato, e os modos Arquitetura e Disrupção sugerem que deva ser postergado na medida do possível. Ressalvou que na prática isso raramente é um dilema, uma vez que as duas estratégias inicialmente escolhidas pela maioria das startups ficam ambas ou do lado esquerdo ou do lado direito do gráfico.

As duas principais lições que podemos obter do modelo aprendido são:

1. Disrupção não é a única opção. Pelo contrário, alguma forma de associação com empresas já existentes no mercado pode ser fonte de capital, um cliente cativo e/ou acesso a mercados.
2. A escolha de tecnologia simplificará algumas etapas seguintes, notadamente acesso a capitais e a mercados.

O restante desta seção versa sobre como melhor executar suas reuniões internas.

Comece por descrever as três principais razões pelas quais as pessoas se reúnem:

1. Para discutir coisas que já aconteceram, tipo os resultados do mês passado.
2. Para decidir sobre algo que ainda não aconteceu, em particular: modelo(s) Erin Scott (já citado), Enxergar Depois da Esquina (4.2, no Capítulo 4), Cynefin (4.3), Alocações de Capital (8.1, no Capítulo 8).
3. Para trabalhar juntos.

Minha sugestão:
Para reuniões do tipo 1, faça todos em pé numa sala sem cadeiras, limite máximo de quinze minutos. E para os tipos 2. e 3, quero parafrasear Napoleão: "Não esperem pelas minhas ordens, marchem na direção do ruído dos canhões."

Agora vamos lidar com a Dinâmica de uma Discussão Interna

Eis cinco perguntas que as pessoas devem se fazer para manter o foco[15]:

1. Todas as ideias estão em cima da mesa?
2. Estamos tentando ancorar cada ideia em dados?
3. As soluções propostas são as melhores que somos capazes de fazer?
4. Quais foram as resistências dentro e fora da equipe de projeto?
5. Estamos resolvendo o problema correto?

Quero apresentar três ideias oriundas da Amazon:

- **Leitura silenciosa:** os primeiros trinta minutos de qualquer reunião são dedicados à leitura silenciosa de um documento com no máximo seis páginas. PowerPoints são terminantemente proibidos.
- **Duas pizzas:** jamais faça uma reunião cujos participantes não possam ser alimentados com duas pizzas — dependendo do tamanho da pizza, estamos falando em 6–10 participantes. Lembre-se da minha regra anterior (seção 2.1) pela qual uma equipe tem que caber em uma Kombi (não pode passar de 9 pessoas). Algumas reuniões podem ter convidados de fora do grupo.
- **Hierarquia inversa das falas:** a pessoa menos importante da reunião fala primeiro, e assim por diante, até a pessoa mais importante ser a última a falar.

Presumo aqui que algumas das suas discussões internas ocorrerão remotamente[16]. Durante a pandemia, ficamos em casa e vimos (e nossos filhos

15. Devo essas cinco perguntas ao meu amigo Magnus Lagerkvist, já mencionado.
16. Se você só vai ler um artigo sobre gestão de equipes remotas, sugiro que seja Michael D. Watkins: *Making Virtual Teams Work: Ten Basic Principles*. Harvard Business Review, 27 de junho de 2013.

também) toda espécie de apresentações em que manter a atenção e o interesse tornaram-se exercícios supremos de boa vontade![17]

Algumas multinacionais, até porque já fazem isso há anos, têm roteiros ultracaprichados para preparar e fazer uma discussão ou sessão de treinamento para pessoas mundo afora. Mas isso é considerado conhecimento proprietário: as melhores práticas não são compartilhadas, e nós dificilmente teremos acesso, a menos que trabalhemos em/para uma delas.

Segue um "destilado" do que aprendi em anos de conduzir e participar de discussões remotas:

1. **Use, e disponibilize previamente para os participantes, dicas sobre como aparecer bem na reunião remota:** se você conhece os participantes, já sabe quem gosta mais de aparecer. Se possível, conecte-se com cada um previamente e descreva o que espera dele/dela, mostrando com delicadeza a forma mais construtiva para uma pessoa com aquele perfil dar seus apartes. E o estilista/cineasta Tom Ford tem dicas simples sobre iluminação.[18]
2. **Esclareça a priori o que se espera de cada um:** envie previamente o "dever de casa" e explique como cada um apresentará o seu. Se o exercício for coletivo, explique que terão de escolher uma pessoa para apresentar, que pode ou não ser a mesma que vai agregar os inputs de cada participante. E defina claramente o que se espera que cada participante tenha aprendido ao final da sessão. Não basta estabelecer *objetivos* e *papéis*, cada participante tem que entender também *tarefas* e *processos*.
3. **Negocie as regras do jogo com os participantes:** começar e terminar pontualmente. O líder deve iniciar apertando o mudo de todos os participantes (Zoom tem esse recurso), informar isso, e explicar qual é o protocolo para cada participante fazer uma pergunta ou comentário, desemudecendo antes. Use e abuse do recurso de "chat" paralelo — embora alguns palestrantes achem que distrai, a maioria aprecia o engajamento adicional da plateia.

---

17. Existem mais dois outros tipos de comunicação migrando no momento aceleradamente para a internet: **B2B** — pessoa jurídica fazendo marketing para pessoas jurídicas (ex.: Schlumberger vendendo produtos/serviços para a Shell), e **Realidade Aumentada** — ex.: Caterpillar explicando manutenção de tratores.
18. nytimes.com: *How to Look Good on Camera, According to Tom Ford*, 07 de abril de 2020.

4. **Planeje e execute seu tempo com precisão:** todo instrutor tem uma "cadência": encontre a sua[19]. Vídeos não devem ultrapassar oito minutos. Insira um breve (5 min.) intervalo para perguntas e respostas logo depois de passar cada tema central da apresentação. E intervalos ("pipi-breaks") de cinco minutos a cada trinta é um bom parâmetro quando apresentando material denso.
5. **Busque concordância quanto à língua/linguagem:** isso é particularmente importante quando sua plateia inclui pessoas cuja primeira língua não é a mesma língua da apresentação. Mas pode querer dizer também que sua apresentação pode ser "sequestrada" por participantes da mesma profissão de origem (profissionais de TI, advogados etc.) que, quando muito representados (acima de 20%–30% da plateia), acabam fazendo prevalecer o dialeto próprio de suas respectivas profissões.
6. **Decida sobre o software da conexão, bem como o da apresentação:** 6.A) tem gente que prefere Google Meet, outras são fãs incondicionais do Zoom; e ninguém gosta de Microsoft Teams! 6.B) tem gente que não vive sem PowerPoint[20]. Tem gente que evangeliza pelos MindMaps[21], disponível em diversos aplicativos.
7. **Fundamental ter Curadoria de Apresentações:** ninguém aguenta letras pretas em fundo branco horas a fio. Algumas multinacionais têm regras específicas para forma e conteúdo, em particular sobre número máximo de palavras por slide. Estudos mostram que um fundo azul-marinho gera um vínculo afetivo na plateia. Fundo preto com letras brancas ou azul com letras amarelas resulta em contraste agradável para os olhos. O 1º e o último slide com uma cor de fundo diferente do resto sinaliza princípio e fim. Nenhuma apresentação precisa ter no slide todas as palavras que o apresentador mencionará (principalmente quando são muitas, e para caber o texto que de tão pequeno fica ilegível). PowerPoint (por exemplo) tem o recurso de mostrar

---

19. A Cadência de Marshall Ganz da Harvard Kennedy School é: apresente o tema, descreva o modelo, dê exemplos, e colha impressões da plateia. Disponível em: https://www.hks.harvard.edu/faculty-research/policy-topics/education-training-labor/just-learning-possibilities?utm_medium=socialmedia&utm_source=hkslinkedin.
20. Frase atribuída a Nizan Guanaes: "Quem usa PowerPoint não tem Power e não tem Point." Vide seção 1.3, no Capítulo1.
21. Tony Buzan: *Dominando a Técnica dos Mapas Mentais*. Ed. Cultrix, 2019.

texto adicional apenas para o apresentador, que ele/ela mencionará verbalmente apenas.

8. **Eleja uma "Go-to Person":** para subtemas específicos (vide seção 2.3) da sua apresentação. Se algum participante se sobressaiu no entendimento que teve de alguma leitura prévia (livro ou artigo) pergunte se gostaria de ser a *go-to person* dali em diante para aquele tema. E, como todo grupo tem alguém que entende mais do software de reunião remota, essa pessoa pode ser a *go-to Zoom person.* Fazer essas duas coisas descentraliza partes das suas atribuições e acaba aumentando a participação da plateia. Sem falar que as pessoas escolhidas quase sempre ficam imensamente lisonjeadas!
9. **Aprenda mais sobre formas inteligentes de entregar conhecimento:** e incentive os outros apresentadores a fazer o mesmo. Vejo apresentadores virando a noite tentando criar uma forma mais intuitiva de apresentar informação, que – como tudo no mundo real – muitas vezes é complexa, incompleta, e até contraditória. Quando na realidade estão tentando reinventar a roda redonda, porque existe uma disciplina acadêmica, obscura, mas bastante desenvolvida, chamada **Representação do Conhecimento**, cujo papa chama-se Edward Tufte[22].
10. **Crie um "bebedouro virtual":** pessoas aprendendo remotamente sentem muita falta de formas de trocar ideias entre sessões. Crie um grupo no WhatsApp com todos os participantes (e negocie previamente se os instrutores devem participar dele ou não), distribua uma lista com e-mails e números móveis de cada um (alguns clientes meus incluem um link para o registro LinkedIn de cada participante, muito útil para pessoas que estão se conhecendo pela primeira vez) e incentive conversas paralelas entre sessões, subgrupos para entregar determinada tarefa etc. Proponha um exercício lúdico entre sessões, ou antes da primeira sessão, para quem estiver usando o próprio Zoom. Exemplos: diga algo sobre você que ninguém sabe, ou um superpoder que gostaria de ter.

E por último: certifique-se de que sua assistente de IA seja capaz de desempenhar bem o papel de escrivã (ou a copiloto da escrivã) das reuniões. Uma equipe que conheço confere o troféu Pero Vaz de Caminha na festa de Natal a quem se sobressaiu na função.

---

22. Vide seção 1.3, no Capítulo 1.

2.7 Qualidade e Lições Aprendidas

Nesta seção, não pretendo apresentar um passo a passo de controle de qualidade. Muitos autores já fizeram isso, com certeza melhor do que eu faria.

No entanto, me surpreendeu observar, depois de empresas falarem sobre Qualidade há meio século, poucos autores presumirem que uma postura de qualidade já exista na empresa. Menos autores ainda explicam como conectar Qualidade com Lições Aprendidas como atividade fundamental em empresa que tenha um compromisso sério com Qualidade.

Arrisco aqui uma explicação para isso: Qualidade burocratizou-se a tal ponto que as pessoas nas empresas acham que basta preencher o formulário. Perderam a postura de Qualidade!

Então, acho que serei mais útil 1) propondo a criação de uma cultura de Qualidade na sua (futura/atual) empresa e 2) conectando isso com Lições Aprendidas. E optei por fazer 1) com um passo a passo para discussão interna sua com sua equipe baseado no que uso em seminários sobre Qualidade[23].

No final você verá que Qualidade e Lições Aprendidas são temas entrelaçados. Mais ou menos como fiz no item 2.5 (conectando Execução, Segurança Psicológica e Melhoria Contínua). Claro que Lições Aprendidas também tem muito a ver com Melhoria Contínua, mas enxerguei uma sequência lógica em optar por, entre uma coisa e outra, lidar primeiro com Discussões Internas (2.6).

Qualidade

O que é Qualidade?

Em seminário sobre o tema, sempre começo[24] perguntando isso para a plateia. E vejo a imensa dificuldade que as pessoas têm em produzir uma definição. Então proponho para você — que vai iniciar uma discussão interna sobre Qualidade — fazer um exercício de Word Cloud[25] em que as

---

23. Fortemente inspirado em Robert Pirsig, conforme citado pela viúva dele em *On Quality: An Inquiry into Excellence: Unpublished and Selected Writings*.

24. Talvez você queira fazer, como eu faço, slides para sua apresentação, com os textos centralizados em itálico.

25. Word Cloud (https://mentimeter.com) é um software de pesquisa instantânea de opinião que mostra na tela as palavras que as pessoas escolheram variando o tamanho da letra de cada palavra conforme quantos votaram nela.

pessoas escolhem substantivos e adjetivos que lhes vêm à cabeça quando pensam em Qualidade.

Eis o que responderam em seminário recente meu (em ordem alfabética):

Adequado
Certo
Clareza
Correto
Economia
Ênfase
Fluxo
Precisão
Profundidade
Proporção
Sensibilidade
Toyota
Volvo[26]

Às vezes, alguém nessa hora fala:

Qualidade é uma Jornada, não um Destino.

Alguém falando ou não, escreva isso na lousa.

Se até agora não chegamos a uma definição, pelo menos criamos o clima, porque todas essas palavras capturam muito bem o que queremos dizer com Qualidade.

É possível que alguém nesse momento tente explicar pelo avesso:

O que Qualidade não é?

Responda com a pergunta inversa:

Se não podemos definir o que é Qualidade,
como saberemos quando a encontrarmos?

26. Marcas fortemente associadas com Qualidade. Sempre aparece alguém que põe uma ou outra, ou ambas, no Word Cloud!

Nesse momento as pessoas na plateia ficam entusiasmadas (Qualidade faz isso!) e começam a falar animadamente umas com as outras. Deixo essas conversas fluírem por alguns instantes, e então faço a pergunta anterior de um outro jeito:

Todo mundo concorda que uma coisa existe,
se um mundo sem ela não funciona direito?

Às vezes alguém propõe que existe qualidade subjetiva e qualidade objetiva. Peço para expandir e aparecem dois tipos de qualidade: aquela que é pessoal e aquela que é absoluta.

- Qualidade Subjetiva é aquele Selo Pessoal de Qualidade que cada um carrega em si e que confere a coisas do nosso cotidiano que funcionam bem, tipo o Fósforo que Acende na 1ª vez.
- Qualidade Objetiva está esculpida em granito em algum lugar no Templo da Qualidade e é provavelmente inalcançável. No mínimo custa muito caro.

Eu falo:

Então todos concordam que Qualidade fica exatamente na encruzilhada entre o Subjetivo e o Objetivo?

Se alguém não concorda, ande um passo para trás, mas evite colocar aquela pessoa na berlinda.

Se todos concordam, então apresento um salto conceitual:

Podemos dizer que Qualidade é uma Lente
que fica exatamente entre Sujeito e Objeto?

Nova discussão acalorada.

Algumas discussões enveredam por um caminho diferente, mas não inconciliável: alguém propõe que existe uma Qualidade Fixa e uma Qualidade Variável.

Quando isso ocorre, minha maneira favorita de levar a conversa de volta para a discussão Subjetiva/Objetiva é perguntar:

Se Qualidade é Fixa, por que é tão Variável?

Outra variação possível, mas também conciliável, é alguém falar:

Existe uma Qualidade Estática e uma Qualidade Dinâmica.

Confesso certa simpatia com essa ideia! E pergunto:

Se é Estática, porque é tão Dinâmica?

Uma terceira variação, alguém fala:

Existe uma Qualidade Situacional e uma Qualidade Absoluta.

Mesma solução para redirecionar conforme falado, sendo que essa terceira variação facilita meu passo seguinte.

Se até agora ninguém falou em Jornada escreva na lousa (ou mostre de novo o slide):

Qualidade é uma Jornada, não um Destino.

Aí inicio um outro salto conceitual:

Então Qualidade tem a ver com Valores?

E as duas perguntas atreladas a essa:

Então podemos concordar com
um conjunto de Valores
compartilhados por todos vocês?

E depois: será que podemos criar um padrão de Qualidade compatível com nossos Valores compartilhados?

Que é onde eu queria chegar desde o princípio. Agora a discussão não só fica muito rica como também começa a gerar resultados tangíveis: as pessoas estão prontas para criar seus próprios padrões coletivos de Qualidade.

Uma Qualidade que não só é Alcançável
como também
Compatível com os Valores de todos.

Começa aqui a melhor parte da discussão, e deliberadamente não forneço um roteiro para ela. Fora recomendar que você como líder da conversa evite que derive para:

Qualidade Possível versus Qualidade Absoluta.

Porque essa é uma direção reducionista e restritiva. E você quer manter todos com o foco em Possibilidade, não em Restrição.

Então proponho que você e sua equipe tenham a discussão anterior pelo menos uma vez durante a gestação do projeto. Algumas equipes escrevem seu Manifesto de Qualidade, que põem na parede[27].

Agora quero escrever sobre Lições Aprendidas. Qualquer pessoa na sua equipe pode convocar uma reunião de Lições Aprendidas, normalmente em uma das seguintes situações:

- se seu projeto é Modular, como recomenda Bent Flyvbjerg (seção 8.4, Capítulo 8), toda vez que encerrar a execução de um módulo;
- se alguém errou, e quer compartilhar com todos onde e porque errou, e provocar uma discussão sobre como evitar que ocorra de novo;
- se alguém errou, no que Amy Edmondson chama Erro Construtivo[28].

Compete a você como líder manter sempre um foco em Possibilidade, em vez de Restrição. Porque algumas discussões sobre Lições Aprendidas que já mediei descambaram para:

O Erro da Fulana que foi salva pela Solução brilhante de Beltrano.

Mais um sintoma da Síndrome de Apontar o Dedo.

2.8 Ferramentas Toyota

Longe de pretender escrever um compêndio sobre as ferramentas Toyota, descrevo aqui algumas delas porque foi a empresa que melhor sistematizou todos os seus processos, que hoje são amplamente copiados e passam por aprimoramento constante. E lidam muito bem com Inovação, com Qualidade e com Melhoria Contínua!

Adote o seu próprio modelo de gestão. Use as ferramentas Toyota como inspiração, referência e conteúdo mínimo. Tenho clientes que só adotaram o A3, mais o método Ishikawa, porque provavelmente não existe uma forma melhor de descrever um problema e suas possíveis causas[29]. E ambos os documentos servirão como referência de todos na hora que se reunirem para discutir soluções alternativas e decidir por uma delas.

27. O nosso chama-se Os Dez Mandamentos da Zaitech e está no nosso site www.zaitech.com.br.

28. Inspirado nas equipes de pesquisa farmacêutica, onde um erro instrui os passos seguintes. Mais Amy Edmondson na seção 2.5. E na seção 4.3 (Capítulo 4), instruções para lidar com o domínio Complexo.

29. Atenção: Ishikawa não funciona em ambiente Complexo. Vide seção 4.3, no Capítulo 4.

Em uma primeira aproximação, as ferramentas Toyota visam maximizar qualidade e minimizar desperdício. Mas vão muito além disso.

Se sua empresa não é uma manufatura, no final descrevo que partes do método Toyota migram para empresas não industriais e de serviços. Eu mesmo já testemunhei implantações espetacularmente bem-sucedidas em hospitais.

Claro que existem outras ferramentas[30] que podem ser úteis na implantação das suas ideias, mas o arcabouço Toyota é o único que 1) inclui uma filosofia de como tratar as pessoas (clientes, colaboradores, fornecedores), 2) abraça a Inovação com entusiasmo, e 3) resistiu com grande sucesso ao teste do tempo.

Comecemos pelo A3.

O método A3 da Toyota versa sobre como descrever problemas ("problemas" no mundo Toyota está sempre deliberadamente no plural) e se subdivide nos seguintes passos:

- descrição de problemas;
- situação atual;
- objetivos;
- plano de ação;
- resultados;
- próximas ações.

Embute alguns conceitos Toyota importantes, em particular:

- como identificar a causa raiz (vide Ishikawa a seguir);
- como preparar os envolvidos com a solução ("Nemawashi", literalmente preparar o solo antes de plantar).

Uma folha A3 mede 297 por 420mm, embora seja possível comprar papel A3 em papelarias, dá no mesmo colar duas folhas A4 lado a lado. Você pode fazer uma colando com durex no verso duas folhas A4 lado a lado. Agora experimente descrever o problema que você está tentando resolver

30. O Seis Sigmas, em particular, é um método estatístico para eliminação de defeitos de maneira sistemática. Foi desenvolvido pela Motorola e difundido pela GE. Tem diversos níveis de qualificação e é compatível com a metodologia Toyota.

em um lado da folha. Essa não é uma regra rígida, mas tente guardar o verso da folha para lidar com a solução. Use desenhos, gráficos e esquemáticos à vontade. As pessoas que praticam A3 me dizem que descrever/desenhar auxilia enormemente na identificação do exato problema que você está tentando resolver, e isso acaba influindo na identificação de soluções. Tente usar linguagem não técnica na medida do possível. Lembre-se de que o objetivo aqui é *que você não tente resolver o problema errado*[31].

Muitas empresas usam o método Ishikawa[32] para identificar causas raiz. Também conhecido como Espinha de Peixe.

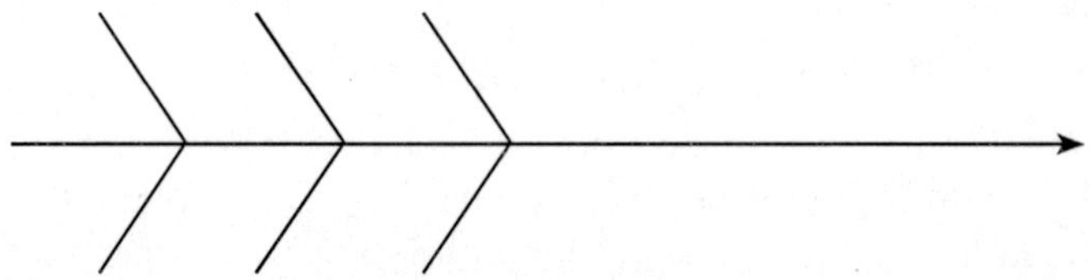

FIGURA 2.2 Diagrama de Ishikawa, ou Espinha de Peixe.

Os resultados disso podem aparecer no A3 ou ser apresentados como documento de apoio ao A3. Não importa.[33]

Conteúdo mínimo de um bom A3 – checklist:

1. Histórico
   - O assunto está descrito claramente?
   - De que formas esse tópico é relevante para os objetivos da organização?
   - Há outro(s) motivo(s) para apresentar esse tópico (ex.: treinamento) agora?
   - Situação atual e descrição do que está acontecendo?

2. Descrição do Problema
   - Qual é o problema a ser resolvido?

---

31. Um bom manual de A3: *Entendendo o Pensamento A3: Um Componente Crítico do PDCA da Toyota*.
32. Kaoru Ishikawa era um engenheiro no Estaleiro Kawasaki na década de 1960.
33. Esse é o método Ishikawa sobre como identificar causas raiz: https://www.citisystems.com.br/diagrama-de-ishikawa/.

- A situação atual está descrita de maneira clara, lógica e visual?
- A descrição da situação atual descreve corretamente o problema a ser resolvido?
- Os dados instruem corretamente o problema?
- Observações e Opiniões, quando existem, estão claramente apresentadas como tais?

3. Declaração de Objetivo
   - Está claro o objetivo?
   - Como o objetivo será medido e avaliado?
   - O que vai melhorar, até que nível, e quando?
4. Análise da Causa Raiz
   - Até que nível foi a investigação?
   - Investigou os problemas certos em detalhe e profundidade suficientes?
   - Há evidência da aplicação correta dos Cinco Por Quês?
   - A direção da Causalidade (causa-efeito) foi respeitada?
   - Foram considerados todos os fatores: humano, máquina, material, método, ambiente, mensuração?

(Proponho uma pausa neste ponto. O relatório parcial é distribuído para os envolvidos, que se reunirão em seguida para apresentar a debater as possíveis soluções.[34])

5. Soluções[35]
   - A causa raiz está claramente conectada com as Soluções?
   - Os passos da Solução foram identificados com clareza?
   - Quem é responsável por Quê e Quando?
   - Essas ações vão prevenir a recorrência do problema?
   - A ordem das ações está clara?
   - Qual será a métrica para medir os efeitos das Soluções?

---

34. Se fosse uma linha de produção parada, esse processo seria abreviado! Mas neste livro isso vai acontecer muito raramente e podemos separar Problemas de Soluções.
35. O termo Toyota é Contramedidas.

6. Confirmação de Efeito
   - Como a eficácia das Soluções será medida?
   - Os itens de verificação estão alinhados com o Objetivo (item 3)?
   - Houve melhora de desempenho geral/local?
   - O trabalho das pessoas envolvidas foi reconhecido?

7. Ações de Acompanhamento
- O que é necessário para prevenir a recorrência do Problema?
- O que ainda precisa ser feito?
- Que lições aprendemos, e quais delas devem ser informadas ao resto da organização?

Cinco Perguntas Toyota: isto é muito mais um hábito das pessoas que passaram pelo treinamento Toyota. São as cinco perguntas que todos devem fazer quando se deparam com uma situação nova. Muita gente usa — e eu recomendo — como conteúdo mínimo de apresentações (seção 1.3, no Capítulo 1).

- O quê?
- Por quê?
- Como?
- Quanto custa?
- Quando fica pronto?

Os 14 Princípios Toyota:

1. Toda decisão gerencial deve privilegiar o longo prazo, mesmo que isso signifique sacrificar resultados de curto prazo.
2. Crie um fluxo contínuo de todos os processos, que traga à tona todos os problemas. Esse fluxo deve 2A) ser "puxado" pela demanda, 2B) descrever o valor agregado de cada passo e 2C) incluir os materiais e as informações que cada passo requer. O organograma de sua empresa deve refletir esse fluxo com clareza, e sua cultura organizacional deve referir continuamente a ele visando o aprimoramento

contínuo de todas as pessoas e de todos os processos. Compartilhe esse fluxo com seus fornecedores. E clientes, em particular se não forem o cliente final do produto/serviço.

3. Mantenha estoques *just in time*[36] e entregue produto igualmente *just in time*. Isso exigirá a criação de indicadores críticos (estoque etc.) e um fluxo rápido de informações em ambas as direções, e ações igualmente rápidas.
4. Nivele a carga de trabalho de todas as pessoas (heijunka) para evitar sobrecargas e o "para e anda" típico das linhas de montagem tradicionais.
5. Crie uma cultura de parar a produção sempre que surgir um problema, e de atingir qualidade sem retrabalho.
6. Atividades padronizadas são a chave do aprimoramento contínuo e do empoderamento de seus funcionários[37]. Todas as atividades têm que ser estáveis, repetíveis e previsíveis. Se alguma atividade não for, subdivida-a até que suas partes sejam.
7. Adote controles visíveis à distância e a olho nu, e nenhum problema ficará escondido. Lembre-se de que telas de computador tiram a atenção das pessoas para o equipamento.
8. Adote somente tecnologias testadas e confiáveis, tanto em processos como em pessoas. Obtenha um fluxo com o qual as pessoas estejam confortáveis.
9. Treine e Desenvolva líderes que compreendam o trabalho completamente, vivam os valores da filosofia, e desenvolvam os outros.
10. Desenvolva pessoas excepcionais, que trabalhem em equipe e sigam a filosofia.

36. Estoque mínimo necessário para a produção não parar. Na prática, o nível *just in time* atende os próximos 15–20 minutos de produção.

37. Aqui existe uma aparente contradição. A padronização de etapas pode inibir a criatividade de seus colaboradores, em particular em como melhor lidar com imprevistos. Isso incomoda mais hoje em dia, em que tantas pessoas não encontram felicidade no trabalho. E o Japão é líder mundial, com 81% dos entrevistados afirmando não gostar do trabalho que fazem! O ponto é que, ao padronizar o previsível, você liberta as pessoas para lidar melhor com imprevistos e Inovação.

11. Mantenha o foco no seus clientes. Desafie seus fornecedores para compartilhar os seus valores e indicadores de desempenho.
12. Procure a causa raiz do problema (Gemba) e vá lá pessoalmente para compreender completamente o que está acontecendo (Genchi Genbutsu). Ignore a opinião de terceiros e o que dizem as telas de computador. Pense e fale apenas sobre informações que você mesmo verificou pessoalmente.
13. Decida por consenso com equipes multidisciplinares. Considere todas as opções (Nemawashi). Decida devagar, execute rápido.
14. Crie uma empresa que aprenda continuamente via reflexão inexorável (Hansei) e aprimoramento contínuo (Kaizen). Essa jornada não termina nunca.

Claro que viver esses princípios exige:

- mudanças na cultura da empresa;
- compromisso de todos os gestores;
- treinamento e desenvolvimento contínuos;
- lidar com resistência às mudanças;
- implantar/mudar Métricas e Indicadores de Desempenho;
- manter o ritmo de implantação.

Os 14 princípios podem ser de compreensão difícil. Algumas empresas priorizam quais implantar primeiro.

Implantando o método Toyota em ambientes não industriais

O método Toyota já foi implantado com grande sucesso em hospitais e empresas do setor financeiro. Os principais desafios serão:

- Item 2. Mapeamento de fluxo de processos e valor agregado.
- Item 4. Estabilização de Cargas de Trabalho.
- Item 6. Atividades Padronizadas e indicadores de desempenho.
- Item 7. Gestão Visual.
- Item 11. Foco no cliente e desenvolvimento de fornecedores.
- Item 14. Aprimoramento Contínuo.

Incorporando princípios de Sustentabilidade em empresas migrando para ESG

O método Toyota lida bem com prioridades de sustentabilidade, em particular:

- Identificação e Eliminação de Desperdícios;
- Cadeias de Suprimento Lean;
- Indicadores de Espera, Consumo de combustíveis, retrabalho;
- Aprimoramento contínuo;
- Pensamento a Longo Prazo.

Para quem quer aprender mais sobre as ferramentas Toyota, recomendo o livro sobre A3: *Entendendo o Pensamento A3: Um Componente Crítico do PDCA da Toyota.*

2.9 Expandindo sua Startup[38]

A referência padrão para descrever as diferentes fases do crescimento de uma startup é o artigo de Clayton Christensen, The Hard Truth About Business Model Innovation[39]. Curioso que, no mundo das startups em que a mudança é aceleradíssima, o modelo de Clayton Christensen parece não ter envelhecido de 2016 para cá.

Mas não lida diretamente com a captação de capitais de terceiros, então proponho outro modelo, embora mais antigo ainda!

Em 1992, fui contratado pela CVM — Comissão de Valores Mobiliários — para criar um treinamento interno sobre startups, que na época se chamavam Empresas Emergentes. O livro chamado *High-Tech Ventures: The Guide for Entrepreneurial Success*, escrito por Gordon Bell[40], engenheiro da DEC — Digital Equipment Corporation, na época recém-publicado, apresenta um modelo de crescimento em etapas que ele atribuiu à Ernst & Young (hoje se chama EY). Fiquei preocupado com direitos autorais e pedi

38. O padrão-ouro para se analisar startups é o proposto por Clayton Christensen em 2016. No entanto, ele não lida diretamente com capitais de terceiros e seu impacto na startup. E sabemos que essas injeções de capital mudam drasticamente a feição de qualquer startup/scaleup.

39. Disponível em: http://mitsmr.com/2cWGGTa.

40. Gordon Bell nos deixou, aos 89 anos em 24 de maio de 2024. Ele ficou bem famoso porque propôs a Lei de Bell, sobre como o mercado elege uma plataforma de hardware. A DEC, já em declínio em 1992 quando o livro saiu, foi comprada pela Compaq em 1998, e a Compaq fundiu com a Hewlett-Packard em 2002.

permissão formal à EY para citar o modelo deles no seminário da CVM. As pessoas com quem falei se surpreenderam e pediram alguns dias para pesquisar internamente na empresa, mas voltaram a mim dias depois dizendo que, como não conseguiram achar nenhum indício desse modelo, eu estava autorizado a seguir em frente e apresentar o modelo deles no seminário. A realidade é que venho usando o modelo atribuído à EY até hoje: funciona para startups e scaleups, demonstra onde a empresa está em seu processo de maturação e crescimento, e é usado com frequência em apresentações para investidores e potenciais investidores[41]. Vou descrever em etapas, porque me parece ser a forma mais eloquente de demonstrar como funciona.

Toda empresa é minimamente composta de Pessoas, Capital e Tecnologia. Assim:

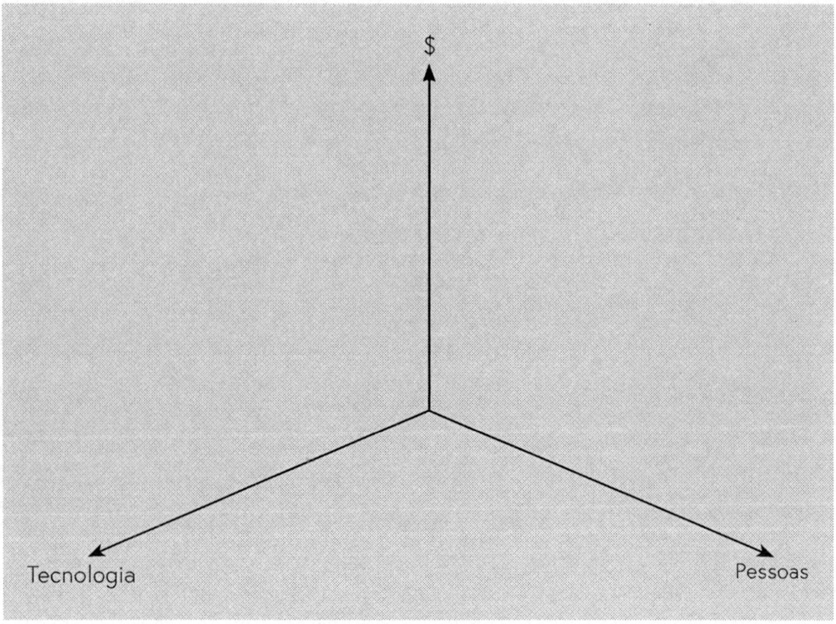

FIGURA 2.3 Gráfico EY.

41. O livro de Gordon Bell continua à venda, e continua creditando o modelo à EY.

A interseção entre Capital e Tecnologia é o investimento de capital (CAPEX, na sigla em inglês).

A interseção entre Tecnologia e Pessoas é o Treinamento e Desenvolvimento (comumente abreviado T&D).

A interseção entre Pessoas e Capital são os programas de Reconhecimento e Remuneração da empresa (comumente abreviado R&R).

Então o desenho fica assim:

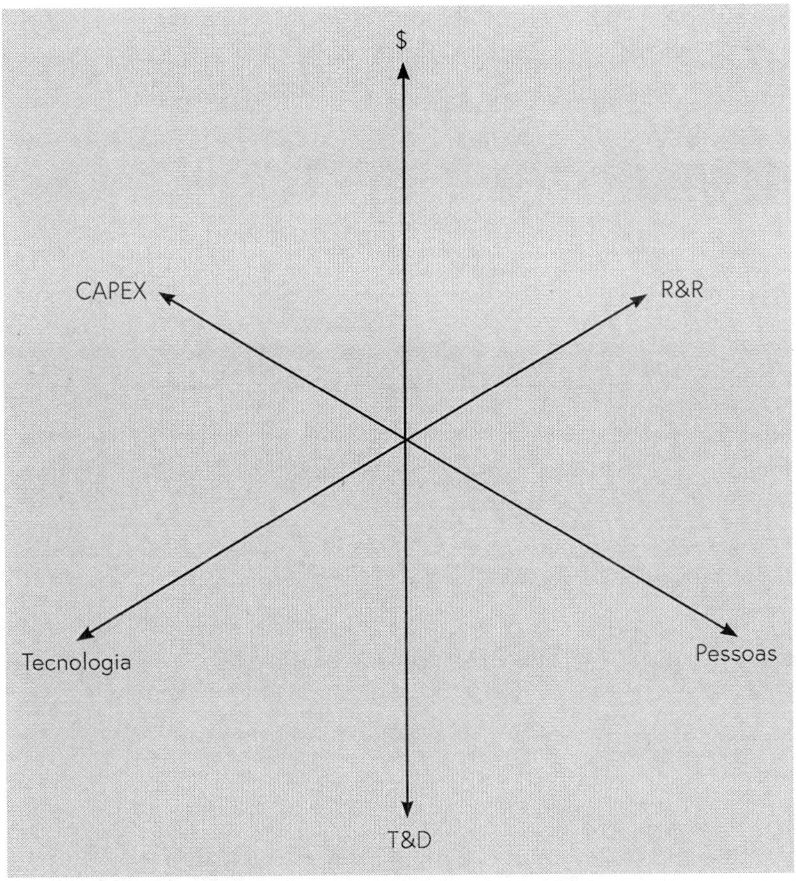

FIGURA 2.4 Gráfico EY, interseções.

Agora vamos inserir círculos de diâmetro crescente para descrever as etapas do crescimento de uma startup:

Você já teve a ideia (ou ideias) com as quais você já imaginou que pode fazer uma empresa. Inclusive já escreveu um documento com um primeiro esboço de como fará isso, coisa que antigamente se chamava Plano de Negócios (BP — Business Plan, em inglês). Isso aparece assim no gráfico EY:

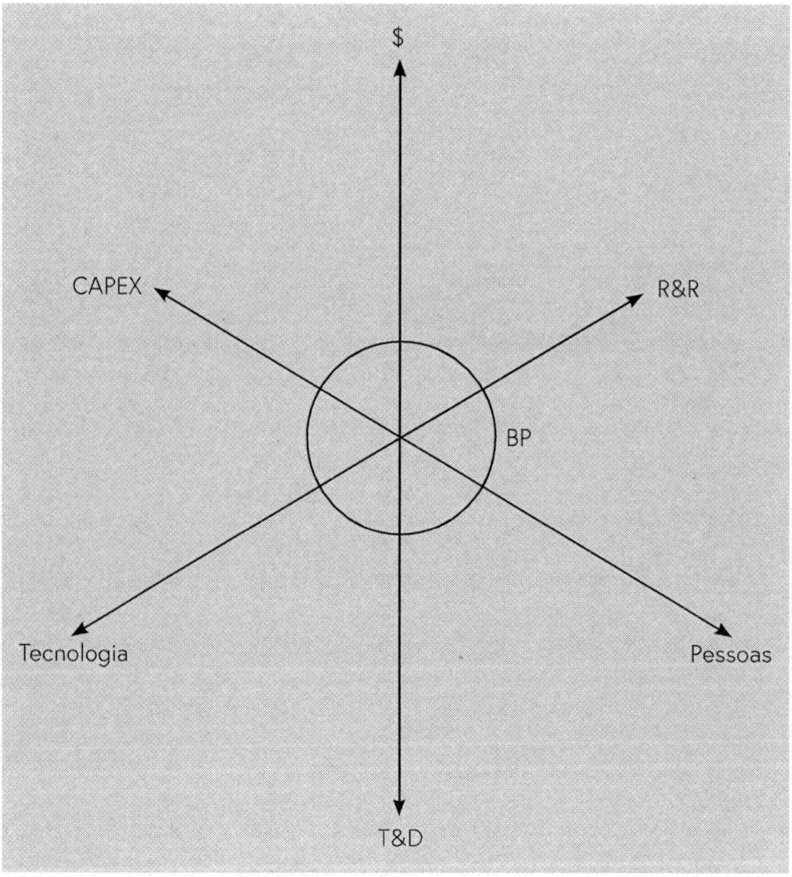

FIGURA 2.5 Gráfico EY BP.

Vamos chamar esse primeiro círculo de BP, ou Business Plan. Algumas semanas após, você informa a seus parentes e amigos que pretende montar uma empresa a partir de uma ideia genial que teve. Mostra para eles o seu plano de negócios, e informa que essa é a grande chance deles de investir em uma empresa que pode ter grande sucesso. Vamos colocar um Segundo círculo, maior, no gráfico, para designar esta etapa, que denominaremos F&F (Friends and Family, em inglês). Assim:

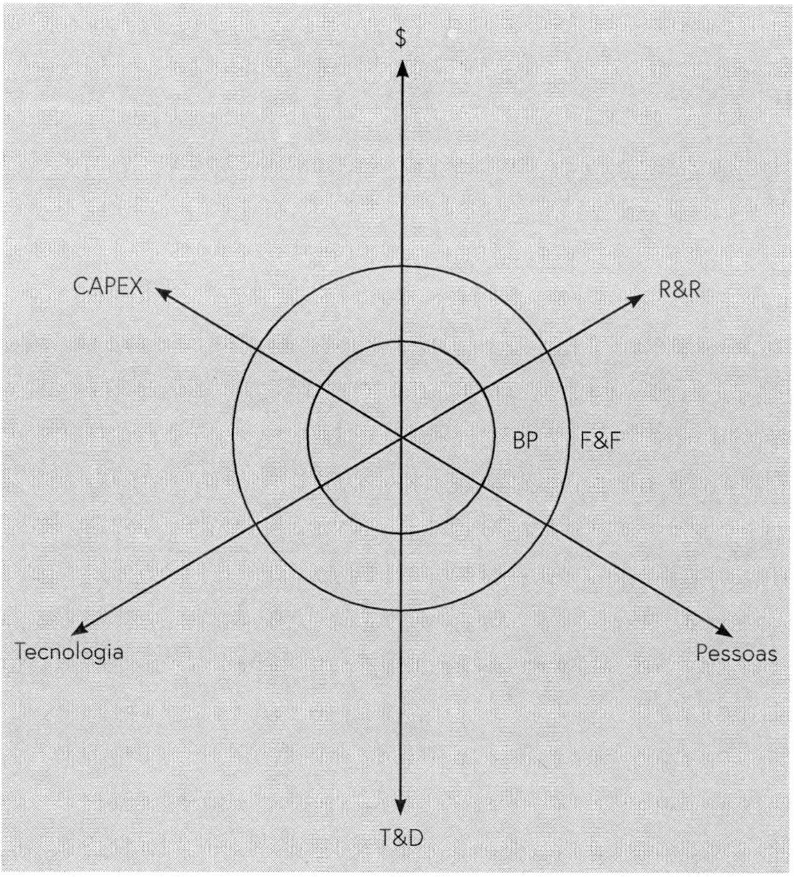

FIGURA 2.6 Gráfico EY F&F.

Nos meses seguintes, você fará duas rodadas de captação de capital de terceiros. Primeiro com investidores focados em investir em empresas no nascedouro (conhecidas como Anjos). A rodada seguinte você já caracteriza como uma Oferta Privada, e será a sua primeira sob esse regime. As duas rodadas aparecem no gráfico assim:

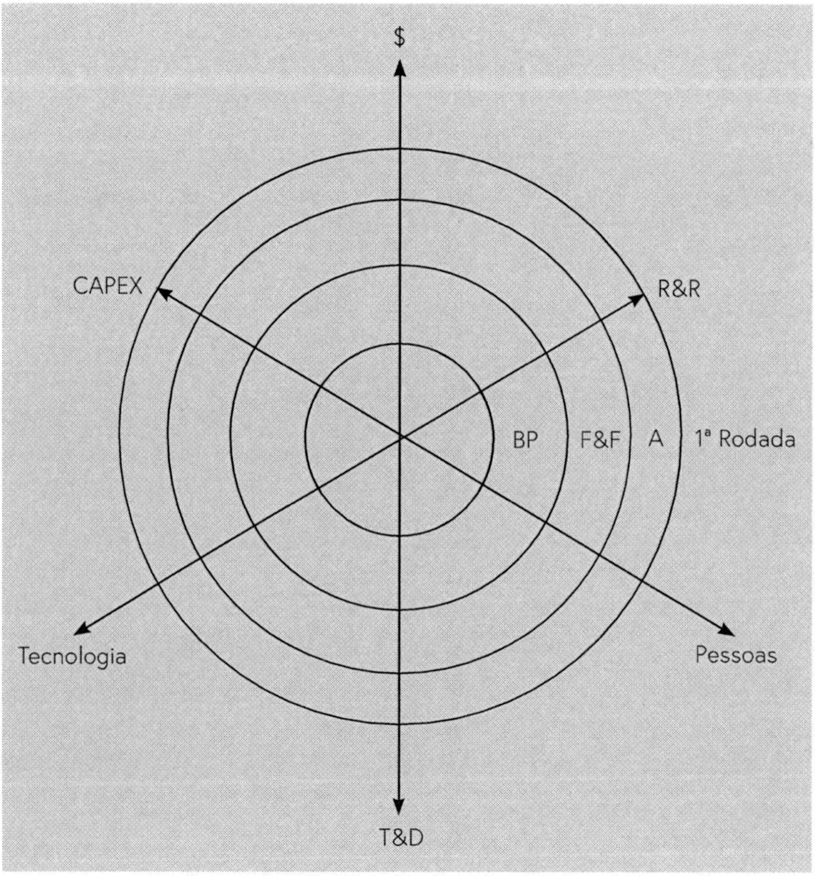

FIGURA 2.7 Gráfico EY A.

O próximo gráfico descreve a situação real de uma startup da qual participei, usado na apresentação para potenciais investidores da rodada 1:

O nível de desenvolvimento da Tecnologia já está no nível que permite à empresa iniciar essa primeira rodada de captação, porém os níveis de

Pessoas e de Treinamento & Desenvolvimento, Reconhecimento & Remuneração ainda estão na etapa Anjo. Na realidade, a empresa pretende fazer essa 1ª Rodada exatamente para levar esses três itens relacionados a Pessoas para o próximo nível. Assim:

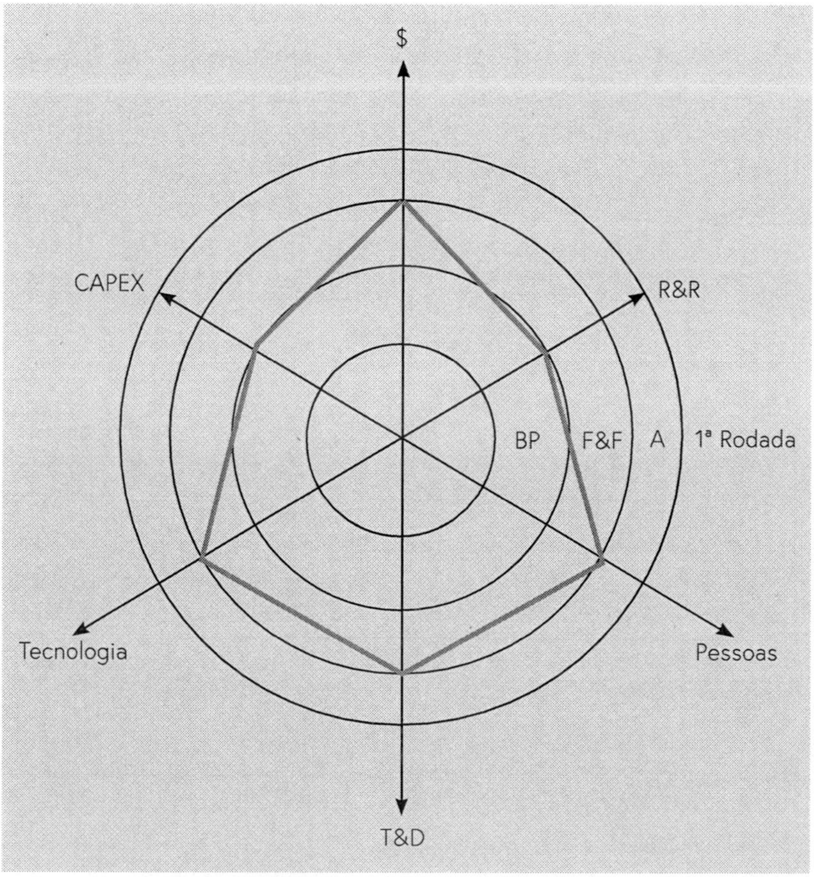

FIGURA 2.8 Gráfico EY — situação atual da empresa.

A partir dessa apresentação bem sintética, a plateia pediu maiores informações. Mas o gráfico continuou na parede, e todos os presentes apontavam para ele quando falavam.

Scaleups: A Adolescência da Startup

Curiosamente, pouco se escreve sobre scaleups (startups que já passaram da fase embrionária e que agora pretendem crescer). Bent Flyvbjerg defende em documento de trabalho da Saïd (escola de Business de Oxford onde Bent é professor parte do tempo)[42] que o único critério verdadeiramente decisivo deva ser que a expansão seja modular: a startup que pretende ser scaleup deve definir um módulo a partir do que é repetitivo na expansão da empresa para outras geografias, depois eleger para quais mercados pretende crescer, e depois agregar a cada módulo o que é peculiar àquela geografia.

42. Esse artigo pega emprestado a experiência do autor com megaprojetos e extrapola para o mundo das scaleups. Continuo recomendando, apesar de discordar desse salto conceitual que ele deu: Four Ways to Scale Up: Smart, Dumb, Forced, and Fumbled (05 de janeiro de 2021) Saïd Business School Working Papers (Oxford) SSRN. Disponível em: https://ssrn.com/abstract=3760631 ou http://dx.doi.org/10.2139/ssrn.3760631.

3

ANÁLISES

ESTE CAPÍTULO LIDA COM A OBTENÇÃO E ANÁLISE DE DADOS externos para instruir como e para onde sua empresa deve evoluir. Como a obtenção de alguns desses dados pode custar caro, dei ênfase a dados secundários, maneira educada de se referir a dados obtidos por outras pessoas para outros objetivos, mas que se massageados adequadamente podem ser úteis para os objetivos de sua futura empresa. A seção 3.3 cresceu assustadoramente, até tornar-se quase um tratado sobre como lidar com concorrentes, atuais e futuros. Um texto que envelheceria rapidamente com as aceleradas mudanças que vivemos no mundo de hoje. Decidi então abreviar para conter apenas aquelas providências mínimas para alguém escanear o ambiente competitivo atual e futuro da empresa. Incluí também (3.4) que perguntas fazer para Avaliar uma empresa, coisa pertinente para Vender, Fundir ou Cindir a sua (3.5).

3.1 Pesquisas de Mercado

Nem sempre você terá tempo e dinheiro para fazer uma pesquisa de campo. A boa notícia é que você pode descobrir muito investindo nada ou quase nada.

Comece por analisar os dados que sua empresa já acumula sobre seus clientes, os mais óbvios sendo:

- onde estão e o que fazem os clientes que já compraram seu produto/serviço 2, 3 ou mais vezes;
- correlacionar a que distância fica cada cliente da sua empresa com a) tamanho de pedido, b) frequência de pedido, e c) nível de reclamações.

Joshua Angrist, um professor de economia do MIT, ganhou o prêmio Nobel de 2020 junto com mais outros dois professores norte-americanos por contribuições à econometria aplicada a temas trabalhistas e educacionais. Ele também é conhecido por ter trazido a econometria para o século XXI.

Mas lá no MIT ele é mais conhecido entre os alunos porque sabe reutilizar pesquisas de mercado já existentes. Descobriu coisas incríveis em pesquisas publicadas, que foram consideradas periféricas, ou haviam passado despercebidas, pelas pessoas que fizeram a pesquisa original. Desde coisas mais óbvias, como o que motiva alguém a ser motorista de Uber, até coisas não tanto, como os principais desafios da educação secundária em alguns países. Escreva no Google "Joshua Angrist recicla pesquisas" e você verá a quantidade enorme de dados que ele obteve gratuitamente a partir das pesquisas de outras pessoas.

Você pode também entrevistar alguns de seus clientes. Se já pergunta a seus clientes sobre seu NPS[1], visite os clientes extremos: NPS perto de 10, e NPS perto de zero. Lembre-se de Andy Grove falando sobre onde a neve derrete primeiro (seção 4.2, no Capítulo 4) e inclua nas suas visitas alguns clientes bem longe da sua ideia de público-alvo.

Se você tem dinheiro para pesquisa de mercado (e/ou um potencial investidor deixou claro que pagaria por isso), chegou a hora de contratar uma. Como a relação entre tamanho de amostra e confiabilidade de resultados é exponencial, muitos empreendedores com quem converso recomendam usar o tamanho de amostra que caiba (ouvi mais de uma vez a expressão "entrar de marcha a ré na verba de pesquisa").

E, por último, mas não menos importante:

Se você já está na fase do protótipo (seção 8.7, no Capítulo 8), faça uma amostragem do seu público-alvo e mostre seu protótipo para eles.

3.2 Análise da Concorrência

Presumo que até este momento você e sua equipe já fizeram o exercício de quatro estratégias proposto por Erin Scott *et al.* na seção 2.6 (no Capítulo 2).

Quem serão seus concorrentes?

Alguns são óbvios, em particular se você pretende acessar um mercado que já existe.

---

1. Net Promoter Score: numa escala de 0 a 10, qual é a chance de um cliente seu indicar seu produto/serviço/empresa para um amigo/parente/etc.? No folclore do varejo, 1 cliente insatisfeito vale por 7 satisfeitos.

Outros são menos óbvios.

Se você pretende acessar um mercado que ainda não existe, qualquer pesquisa de mercado[2] provavelmente será inútil. Se/quando acontecer isso, sugiro que se estrinja às pesquisas ditas de renda discricionária, com perguntas do tipo "se (o produto/serviço tal) existisse, quanto você estaria disposto a pagar por ele?".

Agora quero lidar com como você vai tratar os dados que já obteve.

Os dados da sua pesquisa de mercado (encomendada por você, ou de carona na pesquisa publica dos outros, ou obtida direto com seus clientes atuais) estão na frente de sua equipe.

Chegou a hora de analisar isso tudo, sempre fazendo as duas perguntas entrelaçadas:

- Cada conclusão de seu projeto deveria ser baseada em dados?

E a pergunta inversa:

- Sobrou algum dado da pesquisa que você não aproveitou nas conclusões?

Se você encomendou a pesquisa, tinha verba suficiente para uma amostragem significativa, e especificou corretamente o que queria, isso já virá mais ou menos mastigado para você (não custa fazer novamente as mesmas duas perguntas anteriores).

Lembre-se de documentar todos os resultados, conectar todas as conclusões e arquivar de forma a tornar fácil o acesso. Pode ser que alguém no futuro queira revisitar esses dados: um potencial investidor, uma disputa com outra empresa sobre propriedade intelectual, ou você mesmo querendo lançar um segundo produto/serviço e precisando contratar/acessar uma nova pesquisa de mercado.

E todos nós podemos cair vítimas da Negação. Rita McGrath menciona em seus podcasts[3] diversas Negações, das quais menciono três bem emblemáticas de executivos que negaram até ser tarde demais:

- mídia impressa e mídia eletrônica;
- hotéis e AirBnB;
- Google Maps e Rand McNally, empresa de mapeamento.

2. A Apple lançou seu primeiro tablet, chamado Newton, em 1993. Fracasso completo. O iPad de 1ª geração saiu em 2010. O mais recente (6ª geração) saiu em 2022.

3. Disponível em: https://open.spotify.com/show/0xmTsYXMgTeielwZ0dGTSU?si=FzWGABAjR5-lGlQH7ENSJQ

Uma ferramenta de IA pode ajudar aqui, desde que haja uma curadoria humana cuidadosa antes de divulgar os resultados.

3.3 Decisões do Tipo Comprar/Alugar/Leasing

Haverá um momento na execução do seu projeto em que você precisará ter acesso a determinado ativo por horas, horas por mês, ou só nos primeiros anos. Pode ser uma máquina, uma frota de caminhões ou os direitos de uma patente.

Arrendamento (leasing) tem dois tipos:

- financeiro: a empresa de leasing compra o ativo e aluga para sua empresa, dando a você a opção de comprar no final do contrato pelo valor preestabelecido (conhecido como "residual"). Aqui você abre mão da vantagem fiscal da depreciação do ativo, mas deduz as prestações inteiramente como despesa operacional. É também uma opção quando você está imobilizado demais, muito tomado em suas linhas de crédito, e/ou com capital de menos;
- operacional: a empresa de leasing mantém uma frota de automóveis (ou retroescavadeiras) e sua empresa contrata o serviço apenas. Você recebe um veículo e troca sempre que não funcionar ou precisar de manutenção preventiva. A prestação vai inteira para despesa. Existe apenas para ativos para os quais a empresa de leasing tenha clientes alternativos (ex.: empilhadeiras). Enxergue o leasing operacional como um aluguel com contrato de manutenção.

Compra tem dois tipos:

- final: essa é a compra tradicional. O ativo vai para seu Imobilizado e é depreciado nos prazos previstos por lei. Deve ser usado apenas se você prevê o uso daquele ativo com o máximo de uptime durante sua vida útil. Isso inclui não ficar obsoleto antes;
- time-sharing: você só precisa daquele ativo algumas horas por mês/ano. Funciona bem com aviões, helicópteros gruas, e alguns modelos de caminhão altamente especializados[4].

4. Já lidei com dois ativos time-sharing bem esotéricos: um caminhão de controle remoto que manuseia radioativos e um robô que desarma bombas.

Aluguel sempre tem mais ou menos a mesma estrutura contratual, e hoje em dia é possível alugar andaimes, empilhadeiras e retroescavadeiras por horas/dias.

Algumas empresas têm uma pessoa especializada em fazer essas contas, normalmente no seu departamento de logística e suprimentos. Não é seu caso, se você está criando uma empresa. Mas é sempre bom ter uma *go-to person* na equipe capaz de fazer isso rapidamente, toda vez que surgir a necessidade de trazer algum ativo.

Como decidir qual a melhor opção? São três as variáveis:

1. Por quanto tempo você espera precisar desse ativo?
2. E quando precisar dele, que percentual do tempo ele estará ocioso?
3. Qual é o tratamento fiscal desse ativo? Conforme escrevi anteriormente, no leasing a prestação inteira vai para despesa, o que reduz o IR. Se for comprar, compare a depreciação permitida por lei com sua resposta à Pergunta 1. Software costuma ter prazos de depreciação muito rápidos, alguns ativos físicos duram menos de cinco anos (computadores) outros duram mais de cinco anos (caminhões).

3.4 Avaliação de Empresas

Esta seção não pretende apresentar um tratado sobre como avaliar o valor de mercado de uma empresa, ou parte dela. Isso iria muito além do tamanho deste livro[5]. Minha intenção aqui é fornecer informação suficiente para você saber que perguntas fazer caso:

1. Receba uma proposta de compra de sua empresa (seção 3.8).
2. Um investidor expresse interesse em comprar uma participação na sua empresa na sua próxima rodada de captação (seções 2.12 e 5.3, Capítulos 2 e 5 respectivamente).
3. Você decida vender sua empresa, e precisa saber quanto vale (seção 5.3, no Capítulo 5).

Peço desculpas de antemão pela proliferação das notas de rodapé. Demonstram como eu estava dividido entre 1) uma explicação bem-feita para

5. Minha recomendação, em inglês: PDF gratuito de Aswath Damodaran, 299 págs. www.damodaran.com.

um assunto difícil por natureza, e 2) ser fiel às fontes enquanto ao mesmo tempo 3) dar links para os leitores que quiserem se aprofundar.

Tem mais.

Como vale muito dinheiro precificar empresas corretamente, acontecem duas coisas:

- muita gente graúda de mercado investe maciçamente em modelos cada vez mais caprichados, e;
- a maioria dessas fórmulas (a moda atual é chamá-las de algoritmos) é guardada a sete chaves, longe do alcance de nós meros mortais.

Em 1961, Franco Modigliani professor de Economia no MIT e seu coautor Merton Miller da Universidade de Chicago publicaram um artigo propondo que o valor de mercado de uma empresa é igual à soma de seus fluxos de caixa futuros, trazidos ao valor presente por uma taxa de desconto que não só refletisse o custo de oportunidade do capital como também o risco (que na época era sinônimo de volatilidade) de se atuar no ramo de negócios daquela empresa. Assim:

$$\text{VM} = \sum_{1}^{n} \frac{FCx}{(1+i)^{x}}$$

Esses dois itens (custo de oportunidade + risco) refletem o que um investidor racional espera de retorno percentual anual sobre o seu capital para investir em uma empresa com aquele perfil particular de risco.

Estimar fluxos de caixa futuros começa com calcular fluxos de caixa passados. EBITDA[6] é uma boa aproximação para fluxo de caixa.

William Sharpe em 1964 trouxe um pouco mais de informação sobre como calcular essa taxa de desconto i. Todos os três eventualmente receberam prêmios Nobel por essa e outras contribuições. Modigliani e Miller posteriormente publicaram quatro refinamentos da fórmula original, como por exemplo a introdução de impostos na versão 2. De lá para cá, surgiram diversos refinamentos para ajustar essa soma de fluxos

6. Earnings Before Interest, Taxes, Depreciation and Amortization. Resultado Antes de Despesa Financeira e de Impostos. Depreciação e Amortização são somados de volta porque são lançamentos contábeis que não afetam a conta Caixa.

de caixa futuros, graças a Eugene Fama, Thomas Copeland, Fred Weston e Aswath Damodaran[7].

Mas a lógica original continuava valendo: o valor de mercado de uma empresa depende do que se espera dela no futuro. Pouco ou nada a ver com os resultados contábeis, que refletem o passado e o presente da empresa.

Pior: conforme veremos a seguir, as melhores práticas contábeis muitas vezes atrapalham o processo de precificação.

Na realidade, todos os modelos de precificação de empresa de lá para cá têm a mesma lógica: fluxos de caixa futuros, trazidos para valor presente usando uma taxa de desconto que reflita o que um investidor em uma empresa naquele setor espera de retorno anual sobre o seu capital.

O que mudou de lá para cá, conforme veremos a seguir, são os itens que cada um soma ou subtrai dos valores da fórmula (algoritmo?). Quais são os principais itens que as pessoas somam ou subtraem da fórmula original de Modigliani e Miller?

- reposição de ativos, coisa que normalmente não tem muito a ver com depreciações contábeis. Com especial atenção para investimentos em TI, que tem menos ainda a ver com critérios fiscais/contábeis de depreciação;
- tratar pesquisa e desenvolvimento como investimento, não como despesa[8];
- incluir o valor da marca[9];

---

7. Fui aluno deles, no MIT (Modigliani) e na UCLA (Fama, Copeland, Weston e Damodaran). Bill Sharpe de Stanford visitava o Brasil regularmente na década de 1980 e dava aulas espetaculares, na Coppead/UFRJ e no IMPA. Damodaran, hoje na NYU, publica regularmente no LinkedIn avaliações caprichadíssimas de empresas alguns dias depois de abrirem seu capital na NYSE. Tudo no site dele: www.damodaran.com.

8. Damodaran, quando avalia uma farmacêutica, trata Pesquisa e Desenvolvimento como investimento. E não como despesa, como manda a prática contábil. Faz sentido, porque P&D de farmacêutica é principal determinante de seu valor futuro.

9. Curiosamente, marcas criadas em casa não aparecem no balanço. Mas marcas compradas de terceiros aparecem. Nestlé pagou à Starbucks US$7 bilhões pelo direito de pôr a marca Starbucks em alguns de seus cafés. Um valor que era zero no balanço da Starbucks, e agora é US$7 bilhões no balanço da Nestlé.

- incluir um acelerador de valor por conta da qualidade dos gestores[10];
- incluir uma taxa de esmaecimento (fade rate): uma estimativa de como a empresa nos primeiros anos pode crescer mais que o seu mercado, mas que vai perdendo embalo gradativamente com o passar do tempo;
- incluir um acelerador para valorizar empresa que pratica ESG (Meio Ambiente, Social e Governança)[11];
- capturar de alguma forma em que ponto do ciclo a empresa está. Modigliani escreveu bastante sobre como toda empresa alterna ciclos de Investimento com ciclos de Poupança[12]. Mais recentemente, todas as empresas em fase startup/scaleup estão em fase de Investimento;
- sinergias de Fusões e Aquisições: o modelo não captura sinergias entre empresas que querem se juntar, e obviamente sinergia é a principal motivação para isso[13];
- prêmio de Controle: é racional um investidor querer pagar mais para ter o controle de uma empresa (metade mais uma das ações votantes). Aqui o único critério é: a CVM adota 20% como o teto permitido para prêmio de valor em compra e venda de ações de uma empresa listada.

Mas a Taxa de Desconto na fórmula tem enorme impacto no preço final (justamente porque fica no denominador da fração, uma variação pequena de *i* causa uma variação enorme no resultado). Eis um macete que alguns

10. Como uma marca, por melhor que seja, não vale nada se for mal gerida (Blackberry?), muita gente só inclui o acelerador de marca quando também inclui o acelerador de qualidade da gestão.

11. Esse tema é controvertido, mas a pressão pelo lado da demanda — investidores que só investem em empresas com ESG robusto — já ultrapassa o trilhão de US$. Enquanto Damodaran informa ainda não conhecer uma linha de argumentação consistente de que ESG agrega valor, a McKinsey tem um estudo sobre Diversidade e Inclusão (o S de ESG) bastante caprichado: Essa é a versão 2020, com mil empresas em quinze países. Nele, estão referidas as versões prévias do estudo, de 2015 e 2018: https://www.mckinsey.com/featured-insights/diversity-and-inclusion/diversity-wins-how-inclusion-matters.

12. E tudo indica que a Fundação Nobel valorizou mais isso que o próprio arcabouço de avaliação de empresas que ele desenvolveu com Merton Miller!

13. Existem diversos estudos sobre se houve ou não captura de sinergias após a fusão de duas empresas de capital aberto (moleza, a posteriori: rode o modelo nas duas empresas antes e na empresa resultante depois). E verifique se a empresa resultante vale mais que a soma das duas antes. Aparentemente, metade das fusões não resultou em sinergia. Lembre-se de que tirar cara ou coroa também dá 50/50 e custa bem menos que um batalhão de advogados/auditores/banqueiros de investimento!

analistas usam para descobrir qual é a taxa desconto que o mercado agregadamente usa para certa empresa listada (ou concorrentes diretos dela): é multiplicar a cotação da ação pelo número de ações (lado esquerdo da equação), perpetuar os próximos três ou quatro fluxos de caixa (vulgo chutar o numerador do lado direito), e tratar o *i* do denominador como incógnita.

Resumindo, eis as perguntas que você deve fazer para 1) alguém que quer comprar a sua empresa, 2) durante rodada de captação, um potencial investidor expresse interesse em comprar uma participação na sua empresa, ou 3) caso você decida vender sua empresa. Como é quase certo se tratar de negociação, listo na ordem:

1. Qual é/será a taxa de desconto implícita na sua avaliação? Como você chegou/chegará a ela?
2. Como você estimou os fluxos de caixa futuros?
3. (Só pergunte se querem comprar controle) Que ágio você presumiu para controle?
4. Como você tratou/tratará a futura reposição de ativos tangíveis?
5. Como você tratou/tratará ativos intangíveis (marca, patentes, habilidades especiais, qualidade da gestão)?
6. Em que ponto você nos coloca na curva de inovação/ciclo de investimento?

3.5 Decisões do Tipo Comprar/Vender/Fundir/Cindir sua Empresa

Na seção anterior, você viu os rudimentos de como avaliar uma empresa. Espero que o suficiente para saber selecionar um consultor para calcular quanto vale o seu negócio no seu estágio atual de desenvolvimento.

Já aprendeu também que o atual estado da arte não sabe como calcular a sinergia entre duas empresas, a não ser a posteriori quando já se fundiram. Mesmo assim, achei importante incluir o tema neste ponto, porque durante a criação da sua empresa, você pode a) querer vendê-la como está, em vez de tentar continuar seu desenvolvimento e/ou b) pode receber uma proposta que num primeiro momento pode lhe parecer baixa demais, mas próxima o suficiente do valor que imagina para querer continuar dialogando com aquele proponente. Menos provável é alguém querer comprar um pedaço da sua empresa, o que envolveria uma cisão seguida de uma venda.

Pode ser que você precise comprar outra empresa, ou porque tem uma tecnologia crítica para o sucesso futuro do seu negócio, ou porque tem a fatia de mercado e/ou o relacionamento com fornecedores e/ou a rede de distribuição que representarão um impulso importante para sua empresa atual. Ou porque você prefere não competir com esta outra empresa no futuro.

E pode ser que sua empresa chegou a um tamanho em que faz mais sentido cindi-la em duas, ou porque partes dela já são tecnologias mais maduras que podem sobreviver sob outro teto, e/ou porque a parte nova da sua empresa atual merece atenção dividida daqui para a frente.

E, no caso de ter captado capitais com uma Corporate Venture Capital (empresas estabelecidas — exemplos Shell e Vale — que criaram um núcleo de investimento em startups cujas tecnologias lhes interessam (lido com CVCs na seção 5.2, no Capítulo 5), este núcleo preferir comprar a parte da sua empresa que lhe interessa, o que lhe permitiria focalizar o desenvolvimento da parte da sua empresa que não depende de terceiros, enquanto potencialmente encerra o relacionamento com um investidor importante seu de primeira hora.

Todas as opções devem estar sobre a mesa o tempo todo em que você desenvolve sua nova empresa. Isso significa que quaisquer estruturas organizacionais que criar com sua equipe devem ter embutidas a possibilidade de não só desmembrar pedaços da empresa atual, como incorporar partes de outras empresas, como vender tudo. E isso presume embutir enorme flexibilidade em qualquer desenho futuro de sua empresa.

Aí você provavelmente vai precisar contratar uma empresa especializada em avaliar empresas, e possivelmente também advogados que entendam não só de Fusões e Aquisições como também de Impostos. E havendo lido este livro idealmente você já saberá que perguntas fazer!

4

ESTRATÉGIA

ESTE É UM CAPÍTULO MUITO IMPORTANTE DA TRAJETÓRIA DA SUA empresa. Você já escolheu pelo menos duas e quiçá uma das quatro possíveis estratégias de desenvolvimento (Erin Scott *et al.*, seção 2.9, Capítulo 2), e está desenvolvendo o seu protótipo. Você e sua equipe estão trabalhando juntos há alguns meses e as arestas de relacionamento estão em grande parte resolvidas.

Chegou o momento de resolver os próximos passos e pensar no longo prazo de seu novo empreendimento. Lidar com as forças externas além do seu controle que podem influenciar positiva ou negativamente como sua empresa vai evoluir. Comecemos por uma definição do tipo de estrategistas que você e sua equipe são (4.1), como incorporar as ideias da Rita McGrath e as onze influências de Amy Webb sobre como enxergar depois da esquina e desenvolver diferentes versões de Futuros possíveis (4.2), e como incorporar a estrutura Cynefin de identificação de ambientes externos entre Claro, Complicado, Complexo e Caótico (seção 4.3).

4.1 Que Tipo de Estrategista Você É?

Pensamento estratégico exige um bom nível de abstração. Afinal, você está tentando descrever o que ainda não aconteceu. Annie Duke famosamente escreveu que existem muitos futuros, mas apenas um passado. Em homenagem a ela, aqui escrevo futuro no plural: futuros. O erro mais comum, quando estamos estrategiando (perdoem o gerúndio paquidérmico), é imaginar o futuro como um prolongamento do passado. Como hoje estamos lidando com um nível de incerteza com que nunca lidamos antes, essa prática é no mínimo perigosa.

A McKinsey publicou em 2014 um artigo[1] que descreve pesquisa com pessoas em 250 empresas, e a partir dos resultados identificou cinco tipos diferentes de estrategista. Como isso me pareceu inédito, adotei essa classificação com aqueles clientes de coaching que me contrataram porque querem ser promovidos (tradução: querem ser mais estratégicos). Meu objetivo hoje é fornecer informação suficiente sobre cada tipo para permitir que cada leitor — quando candidato a posição com crescente conteúdo estratégico — possa se apresentar melhor. Eis os cinco tipos, na nomenclatura McKinsey, em ordem decrescente de frequência (e a % de pessoas da pesquisa que se enquadraram, entre parênteses):

1. Arquiteto (40%): essa pessoa passa o dia procurando identificar as vantagens competitivas que sua empresa já tem. Isso naturalmente exige enxergar também o que a concorrência está fazendo, e projetar ambos para os possíveis futuros. Sua influência nas discussões não raro se dá por desafiar os colegas a desempenhar melhor as forças que a empresa já tem. E sua alavanca de geração de valor futuro é no desenvolvimento do negócio. Muito procurados por serem capazes de descrever em detalhes o que a concorrência está fazendo. Toda empresa deveria ter pelo menos um desses. No geral são subvalorizados, a não ser quando a empresa deles se engaja em um processo de Fusão/Aquisição: aí seu papel se torna crítico.

2. Mobilizador (20%): preocupa-se com o desenvolvimento de vantagens competitivas futuras. Como o Arquiteto, desafia os colegas a aprimorar constantemente seus resultados, mas — diferente do Arquiteto — faz isso descrevendo os possíveis futuros da empresa. Gera valor futuro liderando iniciativas específicas de desenvolvimento e execução de novas vantagens competitivas. Toda empresa cujo sucesso futuro depende pesadamente do talento de seus colaboradores precisa de um Mobilizador em posição de alta visibilidade em seu organograma. E, embora quase todo mundo

1. Disponível em: https://www.mckinsey.com/capabilities/strategy-and-corporate-finance/our-insights/rethinking-the-role-of-the-strategist.

saiba quem é o Mobilizador da casa, a alta gestão muitas vezes não os enxerga e por isso, como ocorre com os Arquitetos, são frequentemente subvalorizados.

3. Visionário (14%): de todos os perfis o que tem a maior capacidade de abstração, passa o dia identificando tendências futuras de mercado, e como a empresa pode incorporá-las. Se enxerga como um inovador permanente do negócio e, como o Arquiteto e o Mobilizador, gera valor via envolvimento direto no negócio futuro. Diferente dos dois anteriores, adota um ponto de vista externo à empresa, e é capaz de descrever possíveis futuros como se estivessem ocorrendo hoje. Empresas que dependem muito de se antecipar a mudanças nos hábitos de seus consumidores demandam esse tipo de estrategista, em particular eletrônicos de consumo e mídia/entretenimento. E nesses ambientes os Visionários são bastante valorizados.

4. Pesquisador (empatado em 14%): como o Visionário, também lida com tendências futuras, mas dá ênfase às variáveis exógenas que a empresa não controla, como o ambiente regulatório, impostos e o meio ambiente. Nas discussões internas, seu input é fundamental porque enxerga coisas que os outros em funções mais táticas podem não enxergar. Bastante útil em empresas muito vulneráveis a essas variáveis exógenas: multinacionais operando em muitos países com ambientes fortemente regulados, em particular energia, mineração, instituições financeiras e seguradoras.

5. Gestor de carteiras (12%): chamado assim porque enxerga a empresa como um portfólio de investimentos e opções. Com sua mente voltada para transações, propõe a venda de partes da empresa e a compra de partes de outras empresas, demonstrando convincentemente como a empresa vai valer mais depois. Entre transações, é um facilitador de processos, sempre explicando seus pontos de vista sob a ótica da criação/destruição de valor. Alguns são capazes de enxergar valor oculto até nos setores menos glamorosos. Muito comum fazer parte, ou mesmo chefiar, o departamento de fusões e aquisições. Presença fundamental em multinacionais multidivisionais (como a GE), estão também em bancos de investimento, empresas de bens de consumo, farmacêuticas, e de mídia/entretenimento.

Com qual das "escolas" você se identifica mais? É válido se enxergar em mais de uma.

Para uma startup, todos os perfis são importantes, mas, entre você e sua equipe, é importante evitar a concentração de um ou dois tipos.

Encerrando, vale mencionar aqui que uma importante habilidade estratégica — a criatividade — pode ser aprendida.

4.2 Enxergando Depois da Esquina: o Método de Cenários

A Neve derrete primeiro nas beiradas. Frase atribuída a Andy Grove cofundador e primeiro presidente da Intel. Significa que você só vai saber que a primavera chegou se sair da sua empresa e caminhar para bem longe. A metáfora aqui é que os primeiros sinais de mudança acontecem bem longe da sua sala. Rita McGrath cuida disso no podcast "Snow Melts From the Edges - How do you see around the corners" (A neve derrete nas beiradas — como você vê além das margens, em tradução livre)[2].

Se quiser ler o livro dela, *Seeing Around Corners: How to Spot Inflection Points in Business Before They Happen* (não perca o prefácio espetacular de Clayton Christensen), este é um bom momento para fazê-lo. Uma tradução para esse livro é só questão de tempo!

Hoje em dia o método de Cenários é adotado por muitas empresas, e também por alguns governos. Na África do Sul, ficou famoso por seu papel central na migração daquele país, de apartheid para relativa igualdade racial, durante o governo de Frederik de Klerk (fev89–set97). Posteriormente, foi usado para instruir as negociações do governo da Colômbia com os diversos grupos guerrilheiros naquele país, notadamente os FARC. Pierre Wack foi o executivo francês da Shell que desenvolveu o método de cenários na década de 1970. Essa história está muito bem contada no artigo "The man who saw the future" (O homem que viu o futuro, em tradução livre)[3].

Considero Amy Webb a herdeira intelectual de Pierre Wack. Ela mantém a tradição Wack de descrever cada cenário em texto corrido em vez de muitos números e gráficos. Amy Webb lista as onze direções de onde pode vir a próxima disrupção (sem nenhuma ordem)[4]:

---

2. Disponível em: https://www.youtube.com/watch?v=l5A6FU4suxY.
3. Disponível em: https://www.strategy-business.com/article/8220.
4. Este é o artigo sobre as onze fontes de disrupção de Amy Webb: https://www.mitsloanreview.com.br/post/11-fontes-de-disrupcao-que-toda-empresa-deve-monitorar.

1. Educação
2. Infraestrutura
3. Governos
4. Geopolítica (inclusive guerras)
5. Economia
6. Saúde pública (inclusive epidemias, pandemias e vacinas)
7. Demografia[5]
8. Meio ambiente
9. Telecomunicações
10. Desigualdade
11. Conhecimento

Observe a ausência de IA como item isolado da lista acima. É que na realidade IA vai impulsionar disrupção em todos os onze itens!

Se esta é sua primeira exposição ao assunto, recomendo o livro do Woody Wade *Planejando Cenários: Um guia prático para se preparar para o futuro do seu negócio.*[6]

Não sou um grande fã da futurologia. Até porque li artigos escritos na década de 1940 sobre a década de 1980, da década de 1950 sobre a década de 1990 etc., e quase nada do previsto aconteceu! Mas pessoas que lidam com estratégia me dizem que as previsões de Ray Kurzweil tendem a ser mais corretas que as da maioria.

Uso os relatórios do Eurasia Group, empresa de NY dirigida pelo cientista político Ian Bremmer. A maioria dos relatórios é gratuita, e meus clientes apreciam a ênfase que eles dão a Riscos. Além de publicarem um relatório bem caprichado sobre o Brasil. Os amigos brasileiros de longa data de Ian Bremmer são muito bem informados, e ele também dialoga com pessoas de outros países que estudam o Brasil. Tudo isso o torna um daqueles raros norte-americanos que fala e escreve sobre o país com profundidade.

5. Pertinente para esse item, eis um podcast com Mauro Guillén (Prof. Wharton) falando sobre o a falência do modelo geracional: https://open.spotify.com/episode/1co8i9jMeSO8o5BJoxMyao?si=uxiNQBGGRLeUlsNhO4At7Q.

6. Meus clientes de Coaching sabem que desenvolvi uma versão de Cenários para pessoas físicas planejarem suas vidas profissionais.

Escrevi o restante desta seção para permitir que você desenvolva seu primeiro planejamento por cenários sem ter que recorrer a nenhuma das referências bibliográficas.

Primeiro vou explicar Variáveis Exógenas.

Variáveis exógenas são aquelas variáveis externas que sua empresa não controla. Mas que podem ter um grande impacto — positivo ou negativo.

Um bom lugar para começar são as onze fontes externas de disrupção de Amy Webb. Escreva cada um dos onze nomes em um post-it e depois, junto com sua equipe, faça uma lista em ordem decrescente para a sua (futura) empresa.

Digamos que sua ideia foi uma máquina para desentortar bananas, e que está pensando em criar uma empresa para fabricar e comercializar a sua invenção[7]. Você já identificou, via estudo de mercado, que seu público consumidor tem dois segmentos:

- pessoas que descascam a banana inteiramente e depois a fatiam em rodelinhas, para em seguida pôr em um liquidificador para bater com outros ingredientes (37%), servir as rodelinhas para uma criança, possivelmente misturadas com outros ingredientes (23%), ou adicionar a uma salada de frutas (12%). Você acredita que metade dessas pessoas — ou 36% = (37% + 23% + 12%) / 2 de sua amostra — considerarão sua máquina seriamente, ou porque é marginalmente mais fácil fatiar uma banana desentortada, ou porque consideram irresistível o apelo estético de uma banana reta;
- pessoas que descascam parcialmente a banana e depois comem a banana segurando pela casca. Apenas 5% desses respondentes demonstraram algum interesse pela sua brilhante descoberta.

A pesquisa de mercado que você encomendou também descobriu que:

- 15% dos que responderam à pesquisa informaram que não sabem, não conseguem imaginar uma máquina de desentortar bananas, ou não querem responder;
- também quantificou a expressão “considerarão sua máquina seriamente” se o ponto de preço for entre R$75 (torradeira) e R$135 (ferro de passar roupa).

7. A quem achar esse meu exemplo muito esdrúxulo, recomendo escrever no Google “IPO da Petz em 2020”.

A partir dessa pesquisa, você estima seu potencial mercado alvo é de 41% dos consumidores de bananas no país.

Agora vamos ver em que ordem as onze fontes de disrupção de Amy Webb vão afetar seu possível futuro negócio. Você se reuniu com sua equipe (e convidou a pessoa que fez a pesquisa de mercado, mais um ou dois potenciais acionistas F&F) e depois de horas arrumando os post-its chegou às seguintes quatro primeiras:

1. Economia (porque a decisão de comprar exigirá certa renda discricionária[8]).
2. Educação (porque sua pesquisa de mercado focou pessoas com superior completo).
3. Meio ambiente (porque algumas pessoas responderam que o desperdício de uma banana desentortada é potencialmente menor).
4. Desigualdade (porque seu produto corre o risco de ser rotulado de elitista).

Essa reunião gerou oito cenários, conforme os seguintes gráficos:

Considerando 1. Economia e 2. Educação:

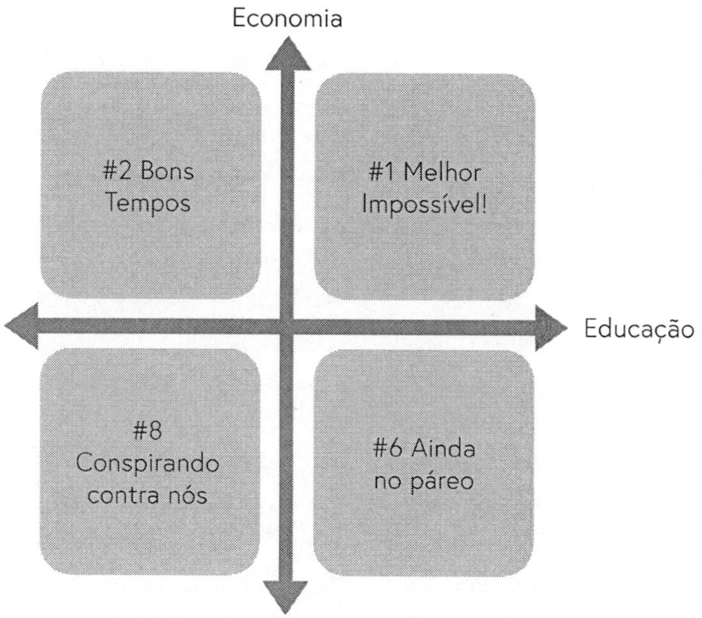

FIGURA 4.1 cenário de Economia e Educação.

8. Dinheiro sobrando, em bom português.

Considerando 3. Meio Ambiente e 4. Desigualdade:

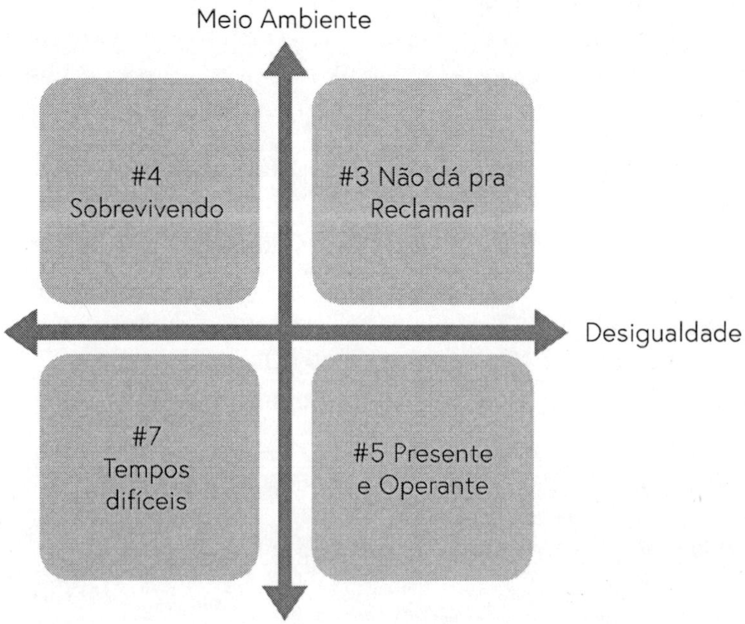

FIGURA 4.2 cenário de Meio Ambiente e Desigualdade.

Lembre-se de que ninguém espera que aconteça um desses cenários. No mundo real, vai acontecer uma combinação de dois ou três deles.

Agora, você vai gerar um ou dois parágrafos de texto para descrever cada um dos oito cenários. A cartilha-padrão de Cenários recomenda que você coloque os verbos no passado, embora esses eventos ainda não aconteceram, porque mobilizam melhor as pessoas para algo que pode já estar acontecendo.

Dar nome a cada cenário é uma arte! E um pouco de exagero ajuda as pessoas a lembrar. A Shell reciclava regularmente o nome WIC "World of Internal Contradictions" (Mundo de Contradições Internas). Dois exemplos que já vi "O Império Contra-Ataca" (novas tarifas de importação na UE prejudicam exportações brasileiras) e "Lampião Encurralado" (novos obstáculos burocráticos no Nordeste atrasam a implantação de parques eólicos).

Eis um exemplo de como ficaria o texto do cenário 5:

Cenário 5 — Presente e Operante: Não tivemos nenhuma grande surpresa com Economia, Educação ou Desigualdade. Os três quesitos ou se mantiveram constantes ou tiveram pequena melhora. A deterioração de Meio

Ambiente, no entanto, foi o principal problema desse Cenário — enchentes prejudicam nossas entregas, o preço dos alimentos dispara, e o consumidor não só compra menos bananas como foca mais itens de primeira necessidade. No entanto, nossa empresa continua ativa e funcionando, consegue pagar suas contas, tem até um pequeno saldo de caixa. Os acionistas infelizmente ainda aguardam ansiosamente pelo retorno de seu capital.

Se sua empresa fosse a Shell, você teria um orçamento diferente para cada um dos quatro principais cenários. Mas sua empresa não é a Shell, e você provavelmente vai rodar um orçamento para o cenário 1, e depois vai sobrepor camadas adicionais de Excel para enxergar as principais subtrações que instruirão os demais 2–3 cenários.

E se a sua empresa fosse a Shell, você recalcularia os quatro orçamentos todo trimestre durante os próximos doze meses. Mas como sua empresa não é a Shell, você só vai rever um orçamento, e, igualmente, criar camadas de Excel com itens a somar ou subtrair nos próximos 2–3 cenários.

Pronto! Espero que com um exemplo simples eu tenha explicado como gerar Cenários a partir de Variáveis Exógenas. Agora vou explicar outro conceito importante de planejamento por Cenários, o Evento Gatilhador.

Um Evento Gatilhador[9] é um acontecimento exógeno (isto é, que sua empresa também não controla) que pode mudar completamente os Cenários que você projetou, ou pelo menos mudar drasticamente a ordem deles.

Continuando o exemplo anterior: passaram-se três trimestres. Vocês decidiram batizar a máquina de desentortar bananas de BananaMatic, e que esse será também o nome da empresa. O protótipo já é um Produto. Vocês já selecionaram os varejistas nas vinte principais cidades brasileiras, e a fábrica já despachou algumas dezenas de unidades, principalmente para fazer fotos para o site, demos de loja e testes de mercado.

Vocês fazem uma reunião com os resultados de três trimestres em diversas cópias em cima da mesa, e os mesmos onze post-its de Amy Webb. Como adotaram o estilo Amazon de fazer reuniões, distribuíram um documento com duas páginas, encomendaram duas pizzas grandes, e dedicaram os primeiros vinte minutos à leitura silenciosa do documento.

9. Rita McGrath no livro (e nos vídeos/podcasts) dela usa o termo Ponto de Inflexão. Eu trato como sinônimo de Evento Gatilhador, e uso intercambiavelmente neste livro.

A pessoa menos graduada (a controller) vai falar primeiro, e a mais graduada (você) será a última.

A controller resume os resultados, mostra o saldo de caixa e descreve rapidamente os principais desafios financeiros dos próximos seis meses. Assim que a controller acaba de falar, você mostra na tela um slide resumindo os principais riscos para o Brasil para este ano, que você copiou do site da Eurasia. Nele, aparecem três itens que, embora não o pareçam, podem mudar bastante o futuro imediato da BananaMatic:

- Brasil deve encerrar o ano com deficit nas contas, provocado por gastos de governo muito elevados em ano eleitoral;
- incertezas globais provocam fuga de capitais e deterioração da taxa de câmbio;
- os dois itens acima criam o risco de recrudescimento da inflação, que obrigará o Banco Central a aumentar a taxa de juros.

Todos concordam que os três itens são *eventos gatilhadores* de novos cenários. Vocês resolvem rearrumar os onze post-its de Amy Webb. A ordem agora é:

1. Economia (porque precisamos entender melhor as interdependências do Brasil).
2. Demografia (porque as novas gerações têm ideias fortes sobre consumo).
3. Geopolítica (porque precisamos entender melhor essas incertezas externas).
4. Governos (porque está bem claro que nos influenciam, principalmente o nosso).

Vocês decidem se reunir novamente daqui a uma semana para discutir os oito novos cenários. O resto da reunião é dedicado a lidar com dois problemas da produção, ambos descritos em relatórios A3 caprichadíssimos.

A próxima seção (4.3) descreve a estrutura Cynefin, que recomendo para aquelas equipes que já implantaram Cenários com sucesso, e precisam de um jeito mais rigoroso para lidar com ameaças e oportunidades externas. Vale a pena ler, mesmo que você não esteja pronto para Cynefin, até porque diferencia ambientes Complicados de ambientes Complexos, uma distinção que pode ser útil imediatamente.

4.3 A Estrutura Cynefin

Cynefin (pronunciada ku-ne-vin), palavra gaélica que significa “lugar de muitos pertencimentos”. Serve para ajudar você e seus colaboradores a examinar, e discutir sobre, oportunidades e ameaças externas à sua empresa. É uma estrutura de apoio à decisão. Não é um método, nem muito menos um modelo.

Recomendo a adoção do Cynefin depois de você e sua equipe estarem bem à vontade com o uso de Cenários (seção 4.2).

Dave Snowden[10] (oriundo do País de Gales) começou a desenvolver essa estrutura em 1991 quando estava na IBM. Passou por uma revisão substancial a cada cinco anos, mais ou menos. Hoje é um processo colaborativo que envolve dezenas de pessoas. Trabalhando, como colaboradores ou como consultores, em centenas de empresas e governos em dezenas de países. Você pode:

- assistir ao próprio Dave Snowden em vídeo legendado de pouco mais de oito minutos[11].
- assistir aos vídeos de Mario Trentim. Este é o vol. 1[12]. Existem outros, de outros autores, lá no YouTube sobre Cynefin.
- ler a última versão, em inglês, do livro *Cynefin*[13], com 402 páginas.

Usei a versão de 2022, a última disponível quando escrevi. Cynefin é composto de:

Domínios: são quatro — Claro, Complicado, Complexo e Caótico.

- no mundo Claro, a direção da causalidade — de Causa para Efeito — é óbvia e reprodutível, as restrições são fixas, e a conexão entre Realidade e a nossa Percepção é simples e óbvia. Quando estamos lá, precisamos Medir, depois Categorizar, e por último Responder. Aqui,

---

10. Nenhum parentesco com Edward Snowden, que em 2013 vazou segredos da CIA.
11. Disponível em: https://www.youtube.com/watch?v=hPrj15g0OBk.
12. Disponível em: https://www.youtube.com/watch?v=wPBGTiFM-Eg.
13. Snowden, Dave *et al. Cynefin - Weaving Sense-Making into the Fabric of Our World ED02*. Cognitive Edge, julho de 2022.

o termo chave é Melhores Práticas[14]: conhecer e aplicar corretamente as Melhores Práticas. McDonalds é um exemplo de Claro;

- no segmento Complicado, a causalidade continua fluindo de Causa para Efeito. Existem Restrições, boa parte delas resultado da própria complicação, e devemos constantemente compreendê-las e respeitá-las. A ação recomendada começa com Sentir, seguida de Analisar e por último Agir. A palavra-chave aqui é Experimentar, agindo sempre que possível de forma reversível, se não der certo. No ambiente Complicado, devemos desenvolver e aplicar Boas Práticas, sem o intuito de Otimizar. Uma Ferrari é um bom exemplo de Complicado;
- quando estamos no ambiente Complexo, não há nenhuma relação duradoura entre Causa e Efeito, mas as Restrições continuam existindo — embora raramente sejam óbvias — e acabam ditando nossas possíveis ações. A maioria das Restrições do mundo Complexo não são intrínsecas a ele, mas oriundas de fora, justamente para podermos lidar com ele[15]. Aqui a palavra-chave é Sondar. Devemos Sondar, capturar/analisar continuamente os resultados de nossas sondagens, criar um plano com imensa flexibilidade, e só então Agir[16]. A Floresta Amazônica é um bom exemplo de Complexo;
- no domínio Caótico, não existem Restrições. Nossas ações devem ocorrer apenas no nível da Prática, e sempre depois de Agir precisamos Medir os efeitos de nossas ações e corrigir constantemente. Como não existe Ordem, aqui prevalecem quaisquer Práticas que possamos desenvolver/adotar.

14. Que os sarcásticos chamam de Aquilo que Deu Certo Antigamente em Outro Lugar.

15. Um bom exemplo de Complexo: no Brasil dirigimos nossos veículos à direita da rua/estrada, por uma Restrição que não é física, mas foi criada para podermos conviver em sociedade sem bater de frente. Infringimos de vez em quando, para uma ultrapassagem ou para lidar com um obstáculo, mas a regra tácita está lá.

16. Reitero aqui o alerta, de que Ishikawa (seção 4.2) não funciona nos domínios Complexo e Caótico. Isso porque Ishikawa presume que a causalidade existe, e que sempre flui de causa para efeito. Sobre o domínio Complexo, vide a citação de Jennifer Garvey Berger ao final desta seção.

Zonas Limítrofes: existem entre os quatro Domínios anteriores.

- entre Complexo e Complicado: como é necessário muita reflexão para distinguir corretamente um do outro, muitas equipes passam um tempo aqui;
- entre Complexo e Caótico: também inicialmente difícil distinguir entre os dois;
- precipício, que cai de Claro para Caótico;
- confusão: você e seus colaboradores estão completamente perdidos. Não é raro esse ser o estado no início de uma discussão. Diferente de Aporia;
- aporia: termo cunhado por Aristóteles, a introdução deliberada de confusão para obrigar os participantes a abandonar suas ideias preconcebidas e enxergar a situação a partir do zero.

Procure uma copiadora na sua cidade que imprima banners em vinil e mande imprimir em tamanho 62x86 (flipchart). Tem gente que manda imprimir um grande tapete de vinil (300x340) para colocar no chão e as pessoas caminharem em cima. Se você optar pelo flipchart, distribua post-its para os participantes, cada pessoa com uma cor diferente. Os praticantes Cynefin na Austrália usam post-its hexagonais porque encaixam melhor entre si e, quando muito, não passam tanto a impressão de hierarquia (vulgo os temas da primeira fila de post-its quadrados parecerem mais importantes que os da 2ª fila, e assim por diante). Se preferirem o tapete, a pessoa deve se posicionar no Cynefin onde acredita que seu tema pertença logo no início das discussões, e se mover conforme o consenso.

Os participantes começam sempre em Confusão (C na figura a seguir) e migram para outro lugar conforme o consenso dos presentes. Esteja preparado para, quando a conversa ficar muito acalorada porque os participantes têm ideias fortes sobre o tema, orientar aqueles para ir para Aporia (A na figura a seguir) e esquecerem momentaneamente suas ideias porventura preconcebidas.

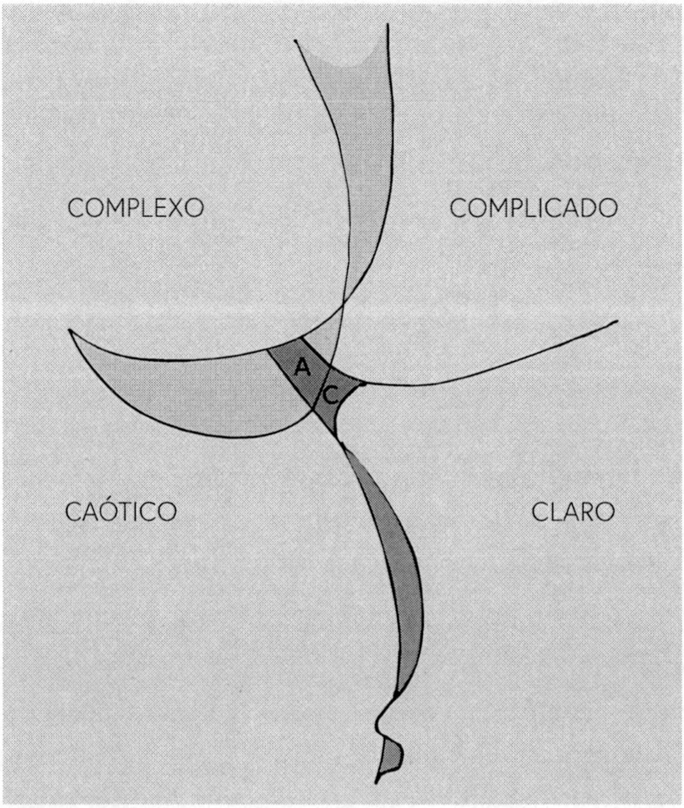

FIGURA 4.3 representação gráfica do Cynefin safra 2022.

Recomendo começar com os três exercícios a seguir:

1. Terminado o exercício trimestral de Cenários, ponha os quatro primeiros cenários em um quadro, e ao lado um mapa Cynefin. Agora, obedecendo a ordem dos cenários, distribua post-its, uma cor para cada pessoa, e peça para cada membro da equipe escrever o nome daquele cenário e colocar o post-it no mapa Cynefin no lugar onde acha que pertence. Informe que OK se alguém quiser colocar o seu em zona limítrofe. Improvável que os post-its se empilhem todos no mesmo lugar do mapa, então inicie uma discussão sobre onde por consenso aquele cenário deve ficar. Repita com os outros três cenários.
2. Leve um problema não urgente — mas muito importante — para todos examinarem em conjunto, com o objetivo de encontrar coletivamente

uma solução. Distribua antes um A3 preenchido só até o item 4 (i.e., descrevendo o problema, mas não propondo soluções). Peça para cada um, com sua respectiva cor de post-it, colocar no mapa Cynefin onde se localiza o problema. Busque consenso. Então inicie a discussão sobre a solução do problema.

3. Você provavelmente vai querer fazer uma reunião sobre quem são os concorrentes do seu produto/serviço, bem como repeti-la umas 2–3 vezes por ano. Peça para cada um escolher um concorrente, e aprender tudo sobre ele, inclusive para reuniões futuras. Peça a cada membro para escrever o nome do seu concorrente escolhido na sua cor cativa de post-it, colocá-lo no mapa Cynefin onde achar que aquele concorrente melhor se situa. Só então inicie sua discussão periódica sobre quem são os concorrentes que vocês percebem.

Encerro esta seção com umas palavras (tradução minha) de Jennifer Garvey Berger *et al.* (pág. 160 do livro *Cynefin* referido no início desta seção) sobre o ambiente Complexo. Tentei, sem sucesso, escrever melhor que ela:

Quais são as melhores estratégias para lidar com situações complexas?

- comece com um sentido amplo da direção que você pretende para lidar com isso, mas evite planos e objetivos rígidos que impediriam que você possa se adaptar nem lidar com oportunidades que porventura surgirão. Por exemplo, "melhorar atendimento ao cliente" é um sentido amplo, enquanto "resolver quaisquer reclamações de clientes em até dois minutos" não é;
- adquira imensa curiosidade com a situação atual;
- escute muito cuidadosamente ao que os outros estão falando. Reconheça que eles podem fazer sentido da situação diferentemente de você;
- adquira o interesse por apreciar múltiplas perspectivas sobre a situação. Isso inclui o que todos — inclusive você — podem pensar sobre a situação daqui a um ano ou cinco anos;
- faça perguntas diferentes;
- adquira uma visão mais ampla, mais sistêmica. Em vez de procurar causas raízes, procure por interações que possam empurrar o assunto em determinada direção;

- observe o que já tende a acontecer, e como ficaria se amplificado, seja contra ou a favor da direção que você pretende;
- suas ações devem ser projetadas para cutucar[17] o sistema para uma direção positiva;
- em vez de fazer e executar um plano, faça experimentos "seguros para falhar"[18] para tentar fazer o sistema migrar na direção que você pretende. Aprenda com o resultado de cada experimento, e crie um laço de realimentação para instruir seu próximo experimento. Para funcionar, isso exige uma cultura de seguro para falhar (com limites para o que são riscos aceitáveis e inaceitáveis).

17. Melhor tradução que encontrei para "nudge".
18. Tradução não muito boa de "safe to fail". Vide seção 2.5, no Capítulo 2.

5

RELAÇÕES EXTERNAS

AQUI EU LIDO COM AS PRINCIPAIS RELAÇÕES EXTERNAS QUE você vai ter no processo de criar a sua empresa: Clientes e Fornecedores, Investidores, e Governo.

Isso inclui o desenvolvimento de mais uma habilidade: escutar o silêncio.

5.1 Clientes e Fornecedores

Clientes serão sua principal fonte futura de dados (seção 3.1, Capítulo 3). Isso significa que você precisa conhecer não só aqueles que você reconhece como o público-alvo de sua empresa, mas também aqueles menos convencionais. Pesquise o que eles pensam de sua empresa permanentemente. Evite as bobagens de praxe, tipo "você nos recomendaria a um amigo?" Lembre-se de que isso inclui lidar com o silêncio de certos clientes:

- cliente que reclama pode ser uma benção disfarçada;
- cliente que não reclama já desistiu de lidar com sua empresa, e está prestes a se mudar para a concorrência na primeira oportunidade.

Escolha cuidadosamente seus Fornecedores, e lide com eles com mentalidade de relacionamento, não de transações isoladas. Inclua-os nas suas principais decisões de desenvolvimento de produto/serviço, e depois nas suas decisões de produção (seção 2.8, Capítulo 2). Uma vez selecionados, peça para assinarem um Termo de Confidencialidade. Um relacionamento próximo com fornecedores é fundamental para o sucesso de suas iniciativas de Qualidade, Atendimento ao Cliente, Estoques, Melhoria Contínua, e Inovação. Substitua sem pena os Fornecedores que consistentemente o impedirem de cumprir seus objetivos nessas cinco áreas.

5.2 Investidores

São seis os tipos de investidores:

1. Amigos e Família: depois de você, provavelmente sua primeira fonte de captação de capital, Amigos e Família são aquelas pessoas mais próximas de você que querem ajudar com pequenos investimentos enquanto a sua empresa ainda é pouco mais que um Desejo. Embora limitados por definição, podem ajudar a tirar a empresa do papel. E se der certo essas pessoas podem ter retornos igualmente pequenos, mas percentualmente muito maiores que seus desembolsos originais.
2. Anjos: algumas empresas de Private Equity são especializadas em investir em empresas que estão captando logo em seguida a Amigos e Família[1]. É uma fonte importante de capital, em um momento em que a empresa pouco tem a mostrar além de uma Ideia e um primeiro plano de negócios.
3. Venture Capital (VC): são empresas especializadas em investir em startups logo em seguida, mas normalmente antes da abertura de capital da empresa em Bolsa. No geral, seu objetivo é vender sua participação no todo ou em parte simultâneo com o evento IPO (abertura de capital).
4. Corporate Venture Capital (CVC): são grandes empresas estabelecidas que criam uma subsidiária para injetar capital em startups que podem gerar tecnologias que elas provavelmente não poderiam gerar sozinhas; e se pudessem, isso exigiria muito mais capital. A Vale é uma CVC importante, investindo em processos de aprimoramento da atividade de mineração, em particular descarbonização da cadeia produtiva e eliminação de rejeitos. Os capitais investidos por essas empresas pode ser substancial. A Shell anunciou no Energy Summit

1. Nós, ex-alunos brasileiros do MIT, temos a nossa. Procure no LinkedIn, MIT Alumni Angels of Brazil.

(Rio de Janeiro, junho de 2024) que pretende investir US$11 bilhões globalmente em 2024 nessa modalidade.

5. Private Equity (PE): essas investem pouco ou nenhum capital próprio, mas gerenciam carteiras de terceiros investidores, que individualmente não têm envergadura suficiente para serem uma Venture Capital. Algumas PEs são temáticas, como o GEF (Global Environment Fund), a Appian (mineração para fabricação de metais para baterias) e a Actis (energia eólica/solar, educação no 3º mundo e fintechs). Algumas PEs são estatais (ex.: BNDESPar). E algumas se retiram, no todo ou em parte, no momento de abertura de capital.
6. Atuariais: investidores atuariais são principalmente fundos de pensão criados por grandes empresas para pagar a aposentadoria de seus funcionários. Cada uma tem a sua meta atuarial, o percentual de seus segurados que falece e se aposenta por ano (normalmente 6%–7%) e precisam investir em projetos de baixo risco, mas com retorno previsível dentro da sua respectiva meta atuarial. Investem normalmente em imóveis, hotéis, hospitais e concessões rodoviárias e de aeroportos, e ocasionalmente em startups que atuarão em um desses ramos.

Se você vai apresentar seu projeto a uma PE, VC, CVC ou Atuarial, é importante identificar de antemão onde atuam, que objetivos pretendem, até onde vão interferir na sua gestão, e como elas querem ver seu projeto:

- algumas querem ver uma apresentação em que a proponente primeiro descreve um mercado, dimensiona, projeta o crescimento desse mercado, e depois mostra como a futura empresa pretende adquirir X% de fatia de mercado em Y anos;
- outras querem ver o contrário: começando por uma descrição detalhada do que pretende a futura empresa, em que mercado se inserirá (caso já exista) ou que mercado criará (caso ainda não exista);
- algumas fazem questão de nomear um ou mais executivos/conselheiros para sua futura empresa, outras avaliam com muito cuidado seu time executivo, mas preferem não investir a ter que mexer no seu time;
- algumas, havendo declarado interesse inicial em investir, contratam uma espécie de auditoria estratégica com consultor externo para examinar seu plano de negócios e entrevistar sua equipe executiva, buscando respostas além das que você mencionou na sua apresentação.

Encerro mencionando que o índice de aceitação de todas é muito baixo (BNDESPar informa que só investe em uma empresa de cada cem que examinam). Então é importante que você faça uma pesquisa cuidadosa antes de procurá-los, e se prepare para lidar com altos níveis de frustração nesse processo.

5.3 Governo

Cedo ou tarde você vai precisar de algum órgão governamental, começando por registrar sua nova empresa no município e no estado, passando pelo possível registro de sua marca e propriedade intelectual, sabendo que impostos vai precisar pagar, e registrando seu pedido para captar capitais de terceiros.

Não vou escrever sobre registrar sua empresa e conhecer a quais impostos estará sujeita — uma empresa competente de contabilidade lidará com isso muito melhor que eu o faria.

Mas quero mencionar dois órgãos importantes: o INPI e a CVM. Ambos são órgãos com excelente qualidade de gestão, duas das partes do governo brasileiro que funcionam como se fossem instituições do primeiro mundo.

Instituto Nacional de Propriedade Industrial (INPI): aqui você registra (o termo técnico é *deposita*) suas Marcas e Patentes. O site deles é bem autoexplicativo, mas alerto que sua empresa pode ser elegível a redução/isenção de certas tarifas, então vale a pena pesquisar cuidadosamente seu possível enquadramento antes de recolher qualquer tarifa.

Comissão de Valores Mobiliários (CVM): chamada "o xerife do mercado financeiro" a CVM regula em que condições uma empresa pode emitir títulos para serem negociados no mercado. A CVM edita Resoluções e Instruções, estas bem mais numerosas que aquelas. Vale a pena entender a Resolução 44, que dispõe sobre quando uma empresa que tem títulos negociados em oferta pública precisa publicar fatos relevantes de sua gestão que podem afetar o valor desses títulos. Isso porque muitas empresas embora ainda de capital fechado aderem a essas regras com seus investidores e acionistas, porque 1) é uma prática saudável, 2) investidores apreciam isso, e 3) sua empresa já estará conforme no dia em que decidir abrir o capital. E a Resolução 204, sobre assembleias de acionistas de sociedades anônimas. Essa resolução foi objeto de consulta pública, a CVM acatou a grande maioria das sugestões de mercado, e reflete o melhor entendimento que o mercado tem de relações com acionistas. Entra em vigor em 2/1/2025, tendo em vista a necessidade de adequação prévia das empresas. Pelo mesmo raciocínio, muitas startups seguem esses procedimentos, mesmo que nunca abram o capital (i.e., nunca sejam obrigadas a tal) simplesmente porque reflete a forma civilizada de lidar com seus investidores externos e o público em geral.

No mais, sua empresa também pode estar sob a égide de uma das entidades reguladoras (ANEEL, ANATEL, ANP, ANVISA etc.), então é importante que você verifique enquadramento e se familiarize com os trâmites do órgão apropriado.

Exemplo: uma das funções da ANATEL é lotear o espectro eletromagnético brasileiro. As empresas pagam caro para poder usar determinada faixa de frequência. Ocorre que uma solução muito nova de energia geotérmica envolve perfuração de rocha com micro-ondas de 1 milímetro (300GHz), que pode interferir com comunicação celular.

6

GENTE

HAVIA AQUI UMA SEÇÃO, CHAMADA TREINAMENTO E DESENVOLVIMENTO (T&D). No entendimento tradicional, Treinamento tem a ver com preparar as pessoas para melhor desempenharem o que já fazem, e Desenvolvimento com os próximos passos profissionais dessas pessoas. Eliminei quando me dei conta de que este livro já contém suficiente T&D entre Dinâmica de Reuniões, Trabalho em Equipe, Cenários, Cynefin, Qualidade, Segurança Psicológica e o modelo da Erin Scott *et al.* para manter a todos ocupados por muitos meses!

Então focalizei itens sub-resolvidos na literatura de business, e quase inteiramente ausente na bibliografia sobre startups: Recrutamento, Diversidade e Inclusão, Carreiras, Culturas, Histórias que Motivam e Escutar os outros.

6.1 Recrutamento

O mundo do recrutamento está se segmentando rapidamente em quatro direções. Cada segmento tem uma forma própria de localizar/atrair candidatos, e os headhunters normalmente só atuam em um segmento. É possível que sua empresa precise contratar pessoas em um ou mais dos quatro segmentos, então é fundamental que você os compreenda antes de iniciar a busca por alguém.

1. **Posições cuja remuneração excede 30 salários mínimos por mês (US$100 mil/ano):** pela senioridade das posições, tanto as empresas

como os candidatos esperam muito contato humano e pouca tecnologia. Estão aqui os cargos de direção (chamados C-jobs: CEO, COO etc.), advogados de fusões e aquisições, geofísicos que encontram petróleo e médicos que fazem transplantes de fígado. Como existem poucos candidatos qualificados, e a busca normalmente é sigilosa, a triagem de candidatos é feita por humanos. A convergência cultural entre candidato e empresa é crítica. Os candidatos são entrevistados em pessoa, e os CVs, quando existem, sumiram no início do processo, substituídos por relatórios detalhados, preparados por entrevistadores, no geral pessoas com muita intimidade com o ramo de atuação e a estratégia da empresa. O finalista passa por um processo cuidadoso de conferência de credenciais e referências. Vamos chamar esse segmento de ***low tech/high touch.***

2. **Posições cuja descrição de cargo não é padronizada e que vão ganhar entre 6 e 30 salários mínimos por mês (entre US$20 mil e US$100 mil por ano):** haverá algumas dezenas de candidatos qualificados nesse caso, e estão aqui os futuros gerentes das empresas, isto é (1) são eles que vão carregar o piano e (2) é daqui que as empresas vão tirar seus futuros líderes. CVs entram pelo site (seu ou do headhunter) e a primeira triagem se dá por software, mas daí para a frente é preciso alguma interação humana. Continuando com a nomenclatura acima, chamemos esse segmento de ***low tech/low touch.***
3. **Posições cuja descrição de cargo é padronizada (tesoureiros, paramédicos, paralegais, especialistas, analistas):** aqui são muitos candidatos por posição, e selecionar por palavras-chave é muito eficaz. Essas posições variam de a 3 a 15 salários mínimos por mês (US$10 mil a US$50 mil por ano), e em vez de captar CVs alguns sites apresentam formulários a serem preenchidos online. Esse é um segmento muito difícil de atender com qualidade, coisa que vai mudar rapidamente com a chegada da inteligência artificial. Vamos chamar de ***high tech/low touch.***
4. **Posições cuja descrição de cargo não é padronizada e cujo salário mensal varia entre 6 e 30 salários mínimos (entre US$25 mil e US$100 mil/ano):** aqui você vai encontrar analistas de TI, geofísicos que interpretam dados sísmicos, paramédicos que operam

tomógrafos, e colarinhos-azuis de alta qualificação que ligam e desligam os robôs da fábrica. Porque o cliente normalmente também precisa recrutar mais de uma pessoa para cada posição, haverá dezenas de candidatos, ***e o impacto do trabalho deles excede de muito o que custam***, as primeiras etapas de uma busca serão executadas por um computador, mas na reta final a intervenção humana é fundamental. Como esses profissionais tendem a ser mais fiéis à profissão que ao empregador, as melhores ferramentas de recrutamento na internet tendem a ser especializadas por profissão. Vamos chamar esse segmento de ***high tech/high touch***.

Você precisa contratar pessoas para essa sua nova empresa. Já definiu, tanto quanto possível, os Indicadores Críticos de Desempenho (KPI) de cada uma dessas pessoas. Já leu as seções 6.2 e 6.3 a seguir e definiu que perfil de carreira pretendem buscar, e a quais grupos minoritários você vai dar prioridade no recrutamento. Você já tem informações suficientes para classificar cada recrutamento em um dos quatro segmentos citados. Peça a alguém da sua equipe para identificar 2 ou 3 headhunters em cada segmento, fazer contato, e convidá-los para visitar vocês separadamente. Desenvolva uma lista de perguntas para cada visitante. Lembre-se de perguntar sobre IA aos headhunters dos quatro segmentos, em muito maior detalhe no caso dos dois segmentos high tech.

6.2 Diversidade e Inclusão[1]

Katherine Phillips famosamente disse que Diversidade é você ser convidado para a festa, Inclusão é você ser tirado para dançar. Então, não adianta o pessoal do Recrutamento criar uma empresa onde todos os segmentos normalmente sub-representados estão representados (Diversidade) se você não mexer na cultura da empresa para essas pessoas terem iguais chances de voz e vez em reuniões, acesso a projetos interessantes, treinamento útil e promoções (Inclusão)[2].

1. Uma versão muito semelhante deste tópico foi publicada originalmente em abril de 2023 na MITSloanReviewBrasil.com.
2. Se você só vai ler um livro sobre o tema, recomendo este de Joan C. Williams: Bias Interrupted: Creating Inclusion for Real and for Good. Harvard Business Review Press, 2021. Verdadeiro divisor de águas sobre D&I, vamos torcer para uma tradução boa sair por aqui em breve!

Um estudo da McKinsey[3] analisou mil empresas em quinze países. E lista que as empresas com D&I robusto têm:

- maior lucratividade;
- maior envolvimento das equipes;
- maior criatividade para resolver as questões;
- ampliação da visão negocial;
- maior capacidade de inovação; e
- melhor Governança Corporativa.

Se você já entrevistou algum candidato da Geração Z (nascidos entre 1997 e 2012), a 1ª pergunta deles é quase sempre sobre D&I. Mesmo que não pertençam a nenhum contingente normalmente sub-representado, eles apreciam trabalhar numa empresa com bom D&I, em boa parte pela riqueza dos debates!

Se você pretende implantar um, ou acelerar uma implantação que está andando de lado, Joan Williams tem seis alertas importantes:

- obtenha o apoio irrestrito do Presidente, dos diretores, do Conselho de Administração, e onde possível também dos acionistas. A pesquisa da McKinsey é uma poderosa ferramenta de convencimento;
- crie um Comitê de D&I que reporte ao Conselho trimestralmente. Melhor se tiver uma meta de extinção ("quando tivermos atingido os índices tais e tais"). Nada contra criar uma Diretoria de D&I, mas Joan acha que um Comitê funciona melhor, porque uma Diretoria de D&I muito espaçosa pode concentrar em si uma responsabilidade que é de todos;
- faça um Censo Interno dos seus colaboradores, e com os resultados dele provoque a decisão sobre por quais grupos começar e em que ordem;
- seja rápido. Negocie metas ambiciosas, mas atingíveis. Implantações lentas têm o péssimo hábito de ficar mais lentas ainda;
- simultaneamente, crie um programa de treinamento interno com ênfase em erradicar vieses inconscientes (mais sobre isso a seguir). Senão,

---

3. A pesquisa foi feita três vezes: em 2020, em 2018 e em 2015. A de 2020 descreve o mais recente levantamento, mil empresas em quinze países. Disponível em: https://www.mckinsey.com/featured-insights/diversity-and-inclusion/diversity-wins-how-inclusion-matters.

Homens Brancos formados pela Poli da USP vão continuar convidando Homens Brancos formados pela Poli da USP para seus projetos mais interessantes e para todas as promoções;

- inclua pessoas que são as primeiras em suas famílias a completar o 3º grau. Tenho trabalhado como Coach com esse contingente (aquém da tela de radar da maioria dos programas de D&I) e asseguro que toda empresa lucraria muito em ter uns 5% de colaboradores desse grupo espetacular!

Um parágrafo sobre vieses inconscientes[4], tema crucial embora presença escassa em programas de D&I. São aquelas coisas que a gente fala sem se dar conta de que tratou mal alguém de alguma raça, gênero, origem, deficiência ou orientação sexual, muitas vezes presente na sala. Em uma startup com discussões acaloradas, isso pode ser particularmente pertinente. Muito tem sido falado e escrito sobre o tema, que às vezes aparece sob o título MiniAgressões. Joan Williams, na sua experiência, acha que muitos programas de Inclusão nas empresas focam treinar as pessoas a não pensar essas coisas, quando a ênfase deveria ser em erradicar os comportamentos, uma vez que é impossível erradicar pensamentos.

Para um relato espetacular de implantação do programa de D&I na Embraer, sugiro conferir o evento online "Diversidade e Inclusão no âmbito da Governança" realizado, em 2023, no canal do YouTube do CELINT, com Mirella Dalla Torre[5].

E para quem tem curiosidade em saber quando este tema realmente decolou, foi em outubro de 2014 com o artigo de Katherine Phillips na revista *Scientific American* (imaginem só uma professora negra de direito publicando em revista popular de ciências!)[6].

6.3 Os Quatro Componentes de uma Carreira[7]

Meu amigo Ken Brousseau, enquanto era professor na Business School da University of Southern California (USC), propôs o modelo a seguir junto

4. Sobre vieses inconscientes, recomendo o excelente trabalho da PWC com o Insper, disponível em: http://www.onumulheres.org.br/wp-content/uploads/2016/04/Vieses_inconscientes_16_digital.pdf.
5. Disponível em: https://www.youtube.com/watch?v=h0nD-CMkl8A.
6. Disponível em: https://www.scientificamerican.com/article/how-diversity-makes-us-smarter/.
7. Partes desta seção foram publicadas originalmente em novembro de 2023 na MITSloanReviewBrasil.com.

com Michael Driver, também da USC, mais dois professores da Universidade de Lund na Suécia, Kristina Eneroth e Rikard Larsson. Na época (novembro de 1996) ainda era generalizada a ideia de que só havia uma trajetória de carreira possível (a Linear), que todos chamavam de "Up or Out" com notas de crueldade que não seriam possíveis hoje em dia. São elas:

- **linear:** você sobe linearmente pela hierarquia da organização, passando um tempo em cada nível. Você tem forte liderança, é competitivo e orientado para resultados. Isso é óbvio para as pessoas ao seu redor, e algumas dessas pessoas observam que esse é o jeito com que antigamente todo mundo achava que transitaria pelas empresas. Você entra para (por exemplo) a Natura como especialista de produto, é promovido a gerente de grupo de produtos, depois a gerente de marketing, e quinze anos depois é presidente da empresa, não necessariamente na Natura;
- **especialista:** você preza por aperfeiçoar constantemente seu conhecimento de determinada disciplina, e aprecia a segurança da posição. Provavelmente recusaria um convite para ser promovido, porque prefere resolver o mesmo problema, com crescente profundidade, toda segunda-feira de manhã. Aqui, a gente encontra geólogos/geofísicos (vide minha história favorita, a seguir), cirurgiões (exemplo: cirurgia minimamente invasiva de tórax), e advogados focalizados em um tema que exige aprendizado contínuo (exemplos: CADE, trabalhista, tributário);
- **espiral:** você alterna movimentos laterais com promoções. Se é da área financeira, por exemplo, só vai se sentir preparado para ser CFO depois de passar por (no mínimo) Controladoria, Tesouraria e Orçamento. Algumas empresas oficializaram o modo Espiral a ponto de exigir isso de qualquer candidato a posição de diretoria. Essas pessoas são muito especiais no quesito Desenvolve os Outros, porque entendem direitinho o que seus subordinados fazem;
- **transitório:** suas habilidades não se encaixam na estrutura da empresa. Talvez a única competência que "gruda" em você é a de Gestão de Projetos. Você gosta de variedade, de testar habilidades e conhecimentos novos, preza a mobilidade geográfica, e não se incomoda de passar um bom tempo fora da sua zona de conforto. Mas pode ser que daqui a alguns anos queira migrar para um dos outros três tipos. Até lá, sua empresa vai convocá-lo para comprar outra empresa e talvez

geri-la pelos primeiros dezoito meses, melhorar os resultados de uma divisão (quem sabe para depois vendê-la), fechar a filial do Cairo ou abrir a filial de Bruxelas.

Observe que com esses quatro componentes podemos descrever praticamente todas as trajetórias profissionais. Assim: comecei como Especialista. Depois de cinco anos tornei-me Linear. Onde passei dez anos, em duas empresas. Aí fui Espiral por outros dez anos, em três empresas. Hoje sou Transitório.

Nas suas entrevistas de recrutamento, incentive as pessoas a indicar qual modo preferem daqui para a frente, e a descrever sua trajetória profissional usando esses quatro componentes (um cliente meu mandou imprimir um banner). E considere apresentar a si e a sua equipe quando fizer a apresentação para um potencial investidor.

Não tem nada de mais se enxergar em mais de uma trajetória. É perfeitamente normal mudar de trajetória favorita à medida que sua carreira progride.

Se esta é a sua primeira exposição a essa descrição, o que lhe vem imediatamente na cabeça? Eis as cinco respostas mais frequentes de minha pesquisa informal:

- Eu sempre soube que nem todo mundo ambicionava uma promoção o tempo todo!
- E o *avesso* do comentário acima: Algumas pessoas são tão discretas na sua ambição que a gente não sabe que querem ser promovidas.
- Já vi mais de um Especialista zangado por ter sido promovido!
- Xi, fui Linear por muitos anos. Depois dos 50, entrei em modo Transitório.
- Algumas empresas não sabem lidar com Transitórios, e acabam perdendo essas pessoas imensamente talentosas.

Minha história favorita: o geofísico Mark Moody Stuart estava na Shell trabalhando com interpretação sísmica — uma função claramente Especialista — quando alguém importante lá dentro achou que ele tinha potencial para ser presidente da empresa, numa trajetória que combinasse Linear com Espiral. Resumindo: Mark (hoje Sir Mark) chegou a presidente da Shell (posição que na época se chamava VP Oil) vinte anos depois.[8]

8. O registro dele no LinkedIn: https://uk.linkedin.com/in/mark-moody-stuart-9b416255.

Se você quer aprender mais sobre esse modelo de Ken Brousseau, confira o artigo Four Career Trajectories (Quatro Trajetórias Profissionais, em tradução livre), no blog de Kathryn Welds[9]. Aproveito para recomendar o blog como um todo, segredo bem guardado da comunidade de Desenvolvimento Organizacional.

6.4 Cultura Corporativa[10]

Esta seção deve ser lida com, ou logo após, a seção 2.5 (no Capítulo 2), Execução, Segurança Psicológica e Melhoria Contínua.

O que é Cultura no contexto de uma empresa?

Gosto muito da definição do Bob Sutton[11]: *cultura corporativa é como as pessoas dentro dela se comportam, e como esperam que os outros se comportem.*

Incorporo a isso mais um item: a cultura da empresa, por especificar como fazer e como não fazer as coisas, acaba *simplificando decisões* que de outra maneira exigiriam fazer negociações, e obter permissões, internamente.

Por exemplo, certa empresa onde trabalhei evitava ao máximo alavancar mais de 50% de qualquer projeto. Ou seja, pelo menos metade de qualquer iniciativa tinha que ser financiada com capital, nosso e de outros sócios. E tínhamos um sócio que não se incomodava em alavancar até 90%, um nível de dívida que minha empresa considerava irresponsável. Então em reunião com o sócio logo derrubei o pleito deles, sem precisar consultar meus superiores, e conseguimos chegar a uma outra forma de funding para nosso projeto que fazia sentido para todos.

Então, não temos uma boa definição geral, muito menos como descrever a Cultura de uma empresa específica. E a mídia não ajuda muito, porque tende a rotular as empresas, por exemplo que a Apple tem uma cultura de Segredo, a Walmart uma cultura de Frugalidade, e assim por diante.

Tem mais: diferentes partes de uma empresa podem ter Culturas específicas. Assim, a Shell que explora e produz petróleo pode ser muito diferente da Shell que vende gasolina no varejo.

9. Disponível em: https://kathrynwelds.com/tag/kenneth-brousseau/.
10. Partes publicadas originalmente em agosto de 2019 na MITSloanReviewBrasil.com.
11. Professor de Stanford. Ele disse isso durante uma entrevista para a revista da PWC.

E por razões tanto de Cultura de país como Regulatórias, multinacionais tendem a adquirir cor local em diferentes países: Starbucks teve que fazer grande cirurgia na sua cultura para poder entrar na China; a mesma coisa aconteceu com o McDonald's no Paquistão. Quando trabalhei na Xerox, tínhamos grande orgulho de nosso modelo de negócios no Brasil ter um forte sotaque brasileiro que nenhuma outra subsidiária Xerox tinha. Existem também colisões incontornáveis entre a cultura de um país e a cultura de uma Empresa: IKEA saiu do Japão por incompatibilidade cultural. E Walmart saiu da Alemanha pela mesma razão.

Meu livro favorito é ***Organisation Culture*** (Cultura Organizacional, em tradução livre) de Naomi Stanford, publicado em 2010 pelos editores da revista *The Economist.* Vale mencionar que Betânia Tanure lida muito bem com a cultura de empresas no Brasil no livro dela ***Gestão à Brasileira.***

Visitar uma empresa e tentar decodificar a Cultura dela é tarefa árdua, porque boa parte da Cultura de uma empresa não consta de manuais. Perguntar a um executivo há anos na empresa também gera pouco resultado. Ele está imerso nela o tempo todo, e provavelmente sabe direitinho como navegar dentro dela, mas tem grande dificuldade em colocá-la em palavras.

É como perguntar a um peixe sobre a água!

Existem uns quinze testes — quantitativos e qualitativos — para se avaliar a cultura de uma empresa. Todos eles têm duas limitações sérias:

- como cada pessoa interpreta a palavra escrita (por exemplo, "ética" pode significar diferentes coisas para diferentes pessoas);
- as respostas de uma pessoa são fortemente influenciadas pelo relacionamento que ela tem com seu chefe imediato (improvável alguém gostar da empresa se não gosta do seu superior hierárquico imediato).

Se você leu até aqui, ou

A. Está montando uma startup e quer começar com o pé direito.
B. É executivo de empresa já estabelecida, observou que a cultura dela tornou-se um freio de mão para as inovações que você pretende, e decidiu fazer uma cirurgia profunda na cultura.

Então os doze itens a seguir se aplicam igualmente bem a ambos (aos em A. para não fazer, e aos em B. para erradicar):

1. A estrutura organizacional pode ser hierárquica ou matricial. Se for hierárquica, a quantidade de níveis hierárquicos diz muito sobre a distância que os gestores querem ficar da linha de frente. Se for matricial, existe ou não diluição de responsabilidades?[12] Em ambos os casos: se estrutura define estratégia, o propósito da empresa está claramente expresso na sua organização?
2. Como a empresa delega autoridade? A pessoa mais próxima do problema tem poderes para resolvê-lo pelo menos 95% do tempo? Existe descompasso entre Responsabilidade e Autoridade?
3. Qual é o tamanho dos manuais de políticas e procedimentos? No prefácio deste livro mencionei o da Bayer, com 1.328 páginas. Poucos vão ler, menos ainda entender.
4. Quais são os indicadores críticos de desempenho (KPI) dos gerentes de nível médio? Eles são claros/atingíveis/limitados no tempo/orientados para resultado?
5. Como a empresa seleciona as pessoas? Quantas entrevistas? Quantos Entrevistadores? A ênfase é Descrições de Cargo e CVs ou é KPIs (item 4)? A ênfase é em substantivos e verbos (competências e habilidades) ou é em adjetivos e advérbios (convergência cultural)? No final do processo de recrutamento, quem decide e como?
6. Como a empresa remunera as pessoas? A empresa que paga variável em dinheiro e privilegia a remuneração variável claramente beneficia o desempenho de curto prazo. A empresa que difere o variável por três anos quer que as pessoas fiquem a bordo por muitos anos. E a empresa que paga fixo alto e variável baixo prefere baixa rotatividade e escasso talento a bordo.
7. A empresa privilegia Individualismo ou Coletivismo? Basta observar como as decisões são tomadas: Comando? Consenso? Votação? Delegação?
8. Como a empresa lida com incerteza? Dimensiona e cria planos flexíveis? Ou faz de conta que incerteza não existe?

---

12. Matricial presume uma lógica transparente. Algumas multinacionais lidam com Geografias em uma dimensão e Especialidades na outra. A Shell experimentou brevemente uma matriz tridimensional, onde cada assunto tinha três responsáveis. Como se diz em Ubá, cachorro com três donos morre de fome.

9. Como a empresa trata as pessoas? Tem chefe que se apropria das ideias de seus subordinados? Quem trabalha sempre depois da hora é referido como a) Ambicioso ou b) Desorganizado? Quem telefona para quem antes das 8h e depois das 19h? Férias marcadas são canceladas? Tem gente dormindo em cama de hotel duzentas noites por ano?
10. Como a empresa lida com seus clientes e fornecedores? A cultura é de a) Transações ou b)Relacionamentos?
11. Como as pessoas se reúnem? Todo mundo chega preparado e sabe o que se espera da reunião? Ou a maioria das reuniões serve para marcar a próxima, mesmo tema? Existe limite mensal de horas em reunião (Nokia)?
12. Como a empresa demite, e como trata seus ex-colaboradores? Umas (Bosch) não dão referências de ex-funcionários (inclusive as positivas). Outras (PWC) convidam seus ex-funcionários para a festa de Natal.

6.5 Contar Histórias[13]

Você precisa convencer as pessoas a entrar em ação em torno de um objetivo. Pode ser subordinados que não conseguem entender a solução que você está propondo. Pode ser um grupo de potenciais investidores na sua startup. Pode ser pares dentro da empresa que precisam ser convencidos de que sua ideia é vencedora.

Um erro clássico é separarmos Storytelling em Story e Telling. Você expressa direitinho a mensagem que quer transmitir (Story) e depois imagina uma forma de transmiti-la (Telling). Embora intuitiva, essa solução corre o risco de convencer, mas não comover. E, na maioria das vezes, isso vira Storyselling, objeto do parágrafo a seguir.

Outro erro clássico é confundir Storytelling com Storyselling. Embora na realidade você esteja vendendo uma ideia, o risco aqui é sua história parecer conversa de vendedor de enciclopédias.

Uma história eficaz precisa conter:

1. Mensagem: descreva sua mensagem de forma a mexer com os corações, além das mentes, de sua plateia. *Seja memorável.* Se você espera

13. Partes desta seção foram publicadas originalmente em maio de 2024 na MITSloanReviewBrasil.com.

que as pessoas se mobilizem em torno da sua ideia, lembre (Daniel Dennett, minha coluna de dezembro de 2023) que Ação presume Crença. Não basta as pessoas concordarem com você. Elas só vão agir quando acreditarem em você.

2. Clima: sua história tem que ter um Ambiente, uma Situação. Descreva o caso no contexto cultural da empresa. Melhor ainda se sua empresa tiver uma cultura que reforce isso[14].
3. Personagens: se sua empresa já tem algum personagem do passado que esteve diante de um dilema semelhante, essa parte do seu trabalho está feita. Toda empresa com mais de dez anos de idade tem seus Heróis do passado. Se os heróis do passado da sua empresa não inspiram ninguém à ação, eis aqui duas possíveis soluções:
    - imagine algum líder do business com quem sua plateia se identifica: pode ser Guilherme Benchimol, Abílio Diniz ou Ricardo Semler. Crie uma situação hipotética em que esse herói teria que lidar com algo semelhante, e pergunte como ele agiria diante dessa situação;
    - uma cliente minha de Coaching, que lidera uma empresa tão nova que não tem nem passado nem heróis, criou uma personagem hipotética, uma versão ligeiramente melhorada dela mesma (que ela chama de VLMM). E, quando conta a história, ela faz a pergunta para a plateia: *como que uma versão ligeiramente melhorada de mim lidaria com isso?*, que ela mesma responde em seguida.
4. Dilema: esta é a parte que você quer solucionar. O Dilema pode ser um Conflito, pode ser um Problema ou pode ser uma Encruzilhada estratégica onde a empresa não sabe se toma o caminho X ou o Y. Descreva com clareza quais são as opções dos personagens envolvidos e os custos/benefícios de cada opção.
5. Solução:
    - se ainda não houve uma solução, pratique o *Show, Don't Tell*: faça uma pausa nesse momento, para a plateia propor soluções. Isso

14. Meu exemplo favorito é a Cartier, empresa com tradição/legado poderosos que também tem um vínculo forte com emoções: um presente Cartier marca uma data importante (noivado, formatura etc.) na vida do presenteado. Imagine só quantas histórias sensacionais a Cartier pode gerar!

pode ser poderoso mesmo que você, o apresentador, já tenha uma boa ideia da solução. Descreva as opções. Tente buscar consenso. Evite soluções monocráticas. E só proponha votação quando nenhuma das soluções for plenamente satisfatória para todos[15];
- se a solução já existe, e você está contando a história de como aconteceu — possivelmente para convencer potenciais investidores de que já tem uma solução vencedora — focalize as emoções, e sempre que possível mostre os dados[16] que provam que ela foi de fato vencedora.

Equipes eficazes sabem definir exatamente o que precisam solucionar[17], propõem soluções alternativas, e exploram as melhores maneiras de executar essas soluções. Um potencial elo fraco dessa corrente é alguém que as energize na direção certa.

Use e abuse de contar histórias, inclusive nas suas apresentações para possíveis futuros investidores!

6.6 Escutar[18]

A maioria de nós ouve bem, mas quantos de nós podemos afirmar que também sabemos escutar?

Talvez você concorde comigo que muita gente boa nesse mundo pode aprimorar — e muito — sua capacidade de escutar. Tem mais: é a habilidade a ser cultivada de forma permanente.

Nós, coaches, temos extenso treinamento, tanto para melhor escutar os outros como também para fazer perguntas que ajudem nossos clientes a melhor compreender suas opções e as expressarem melhor. A ICF, Federação Internacional de Coaching, classifica Escutar e Perguntar como duas das

15. Meu exemplo favorito foi quando a Boeing anos atrás considerou — por razões fiscais — mudar sua sede de Seattle para Chicago. Os funcionários foram consultados. Nenhum consenso. Fizeram uma votação: empate técnico. A empresa acabou desistindo da mudança.

16. Deb Roy, professor do MIT Media Lab, também nos ensina como converter dados em histórias poderosas, no artigo "The data-driven future of storytelling" (O futuro do storytelling baseado em dados, em tradução livre.). Disponível em: https://www.mckinsey.com/industries/technology-media-and-telecommunications/our-insights/the-data-driven-future-of-storytelling-mits-deb-roy-on-the-message-and-the-medium.

17. As que não sabem podem aprender bastante com o método A3. Vide seção 2.8, no Capítulo 2.

18. Algumas partes foram publicadas em abril de 2024 na MITSloanReviewBrasil.com.

oito competências fundamentais de um coach. Embora sejam duas habilidades complementares, aqui neste livro preferi focar a habilidade Escutar, meio caminho andado para Perguntar bem.

Claro que existem muitas versões das usuais Dez Dicas. Eis as que considerei mais úteis:

1. Presuma sempre que você tem algo a aprender em qualquer conversa. Quem escuta com a intenção de logo em seguida transmitir alguma pérola de sabedoria jamais vai escutar bem.
2. Preste atenção inteiramente na conversa. Se você está com a atenção dividida com outro assunto, diga "No momento não posso dar a você a atenção que o assunto exige. Podemos falar às 17h30?" Seu interlocutor se sentirá valorizado, e você poderá cuidar do outro tema.
3. Permita que a outra pessoa lidere o rumo da conversa. "Rumo" quer dizer "Direção" e também "Velocidade". E você tentar intervir em um ou outro acaba descarrilhando a mente do seu interlocutor.
4. Tente não parafrasear. Guarde aquele seu "deixa eu dizer o que entendi que você falou" para situações extremas, em que a) o tema é complexo e/ou b) os envolvidos têm muito capital emocional investido. Na maioria das outras conversas, as pessoas ficam com a estranha sensação de que você está *preenchendo um formulário* dentro da sua cabeça enquanto escuta.
5. Faça perguntas abertas: o quê? Por quê? Como? Quando?
6. Quando você não souber algo, diga "não sei".
7. Tente não se repetir.
8. Não traga para a conversa suas experiências de situações semelhantes às que você está ouvindo. Todo mundo se entende único. Todas as experiências são individuais.
9. Esqueça os nomes, as datas, os detalhes. Se forem importantes, você sempre pode obtê-los depois. Foque o momento para ouvir a outra pessoa, que sempre se lembrará da atenção que você lhe deu.
10. Escute! O Buda disse algo do tipo "se sua boca está aberta, você não está aprendendo".

7

GOVERNANÇA

USEI A DEFINIÇÃO MAIS RECENTE DE GOVERNANÇA CORPORATIVA, A de agosto de 2023 do IBGC, Instituto Brasileiro de Governança Corporativa:

> "Governança Corporativa é um sistema formado por princípios, regras, estruturas e processos pelo qual as organizações são dirigidas e monitoradas, com vistas à geração de valor sustentável para a organização, para seus sócios e para a sociedade em geral. Esse sistema baliza a atuação dos agentes de governança e demais indivíduos de uma organização na busca pelo equilíbrio entre os interesses de todas as partes, contribuindo positivamente para a sociedade e para o meio ambiente."

7.1 Boa Governança e ESG

Pessoas cuidando de startups precisam resistir à tentação de pular esta seção. Isso porque toda empresa precisa cuidar de sua governança desde o primeiro momento de sua existência. Vai por mim: se dá trabalho, vai dar muito mais trabalho criar uma infraestrutura de governança anos à frente!

Se sua empresa nasce como Limitada, ainda não está obrigada por lei a ter um Conselho de Administração e um Conselho Fiscal. No caso de SA de capital fechado, crie a versão mais *light* possível de ambos, mas pratique e pregue adesão total a todos os princípios a seguir.

O IBGC revê e republica regularmente esse código, para refletir as mudanças às vezes profundas pelas quais a governança das nossas SAs tem passado.

Segundo a 6ª Edição do Código de Boas Práticas de Governança Corporativa[1], os princípios da governança corporativa são:

- **integridade:** praticar e promover o contínuo aprimoramento da cultura ética na organização, evitando decisões sob a influência de conflito de interesses, mantendo a coerência entre discurso e ação, e preservando a lealdade à organização e o cuidado com suas partes interessadas, com a sociedade em geral e com o meio ambiente;
- **equidade:** tratar todos os sócios e partes interessadas de maneira justa, levando em consideração seus direitos, deveres, necessidades, interesses e expectativas, como indivíduos ou coletivamente. A equidade pressupõe uma abordagem diferenciada conforme as relações e demandas de cada parte interessada com a organização, motivada pelo senso de justiça, respeito, diversidade, inclusão, pluralismo e igualdade de direitos e oportunidades;
- **responsabilização** (minha melhor tradução de *Accountability*)**:** desempenhar suas funções com diligência, independência e com vistas à geração de valor sustentável no longo prazo, assumindo a responsabilidade pelas consequências de seus atos e omissões. Além disso, prestar contas de sua atuação de modo claro, conciso, compreensível e tempestivo, cientes de que suas decisões podem não apenas responsabilizá-los individualmente como impactar a organização, suas partes interessadas e o meio ambiente;
- **transparência:** disponibilizar para as partes interessadas informações verdadeiras, tempestivas, coerentes, claras e relevantes, sejam elas positivas ou negativas, e não apenas aquelas exigidas por lei ou regulamentos. Essas informações não devem se restringir ao

1. Edição de 2023, disponível em: https://conhecimento.ibgc.org.br/Lists/Publicacoes/Attachments/24640/2023_Código%20das%20Melhores%20Práticas%20de%20Governança%20Corporativa_6a%20Edição.pdf (todas as publicações do IBGC são gratuitas, mas você precisa se identificar para baixar). Esse documento resulta de debates com centenas de pessoas dentro e fora da estrutura de governança das empresas, e a intenção é a revisão periódica (a edição anterior é de 2015) para melhoria contínua.

desempenho econômico-financeiro, contemplando também os fatores ambiental, social e de governança A promoção da transparência favorece o desenvolvimento dos negócios e estimula um ambiente de confiança para o relacionamento de todas as partes interessadas;

- **sustentabilidade:** zelar pela viabilidade econômico-financeira da organização, reduzir as externalidades negativas de seus negócios e operações, e aumentar as positivas, levando em consideração, no seu modelo de negócios, os diversos capitais (financeiro, manufaturado, intelectual, humano, social, natural, reputacional) no curto, médio e longo prazos. Nessa perspectiva, compreender que as organizações atuam em uma relação de interdependência com os ecossistemas social, econômico e ambiental, fortalecendo seu protagonismo e suas responsabilidades perante a sociedade.

A sigla ESG apareceu recentemente nesta discussão. Refere-se a Meio Ambiente, Diversidade e Inclusão, e Governança (Environmental, Social and Governance, na sigla em inglês). Revela uma mudança enorme de foco:

- aprendemos na escola que o objetivo de todo gestor é enriquecer seus acionistas. E toda a nossa tradição de relacionamento externo da empresa reflete isso, em particular na confecção e reportagem de informações contábeis.

O movimento ESG mudou esse conceito para incluir:

- a responsabilidade que toda empresa deveria ter com Meio Ambiente, Diversidade & Inclusão, e Governança.

Isso sugere a criação de novas linhas de Resultado ("multiple bottom lines") nas reportagens financeiras que as empresas fazem. Autores escandinavos (líderes desta discussão) têm publicado extensamente sobre isso[2]. E já vimos relatórios anuais de empresas escandinavas detalhando:

- suas "pegadas" ambientais, e planos para redução delas;
- seus programas de D&I e metas 5–10 anos à frente;
- suas regras de governança atuais e futuras, em particular gênero, funcionários, minoritários e independentes no Conselho, e sua crescente

2. Não surpreende que alguns fundos de investimento escandinavos só invistam em empresas com ESG robusto. E em valores agregados sob gestão que já excedem US$1 trilhão (junho de 2024). Vale mencionar também que países da UE têm até meados de 2026 para atingir quota mínima de mulheres de 40% em Conselhos de Administração, e de 33% para gestores-executivos das empresas de capital aberto.

transparência nos resultados reportados tanto na frente financeira como nos quesitos ESG.

Isso é tendência inexorável, então se você está criando sua empresa agora, recomendo aderir desde a 1ª hora. Porque:

- são coisas que custam muito mais caro para consertar depois;
- todos os investidores terão perguntas detalhadas sobre seu ESG, e alguns não prosseguirão se não ouvirem respostas convincentes.

7.2 Conselho de Administração

SAs são obrigadas por lei a terem Conselho de Administração (Lei 6404, art. 138, § 2).

O conselho de administração exerce o papel de guardião do propósito, dos valores, do objeto social da organização e de seu sistema de governança. É o órgão colegiado encarregado da definição da estratégia corporativa, do acompanhamento de seu cumprimento pela diretoria, e da conexão entre a gestão-executiva e os sócios em defesa dos interesses da organização.

Art. 142 da Lei 6404: Compete ao conselho de administração:

I. fixar a orientação geral dos negócios da companhia;

II. eleger e destituir os diretores da companhia e fixar-lhes as atribuições, observado o que a respeito dispuser o estatuto;

III. fiscalizar a gestão dos diretores, examinar, a qualquer tempo, os livros e papéis da companhia, solicitar informações sobre contratos celebrados ou em via de celebração, e quaisquer outros atos;

IV. convocar a assembleia geral quando julgar conveniente, ou no caso do artigo 132;

V. manifestar-se sobre o relatório da administração e as contas da diretoria;

VI. manifestar-se previamente sobre atos ou contratos, quando o estatuto assim o exigir;

VII. deliberar, quando autorizado pelo estatuto, sobre a emissão de ações ou de bônus de subscrição;

VIII. autorizar, se o estatuto não dispuser em contrário, a alienação de bens do ativo não circulante, a constituição de ônus reais e a prestação de garantias a obrigações de terceiros;

IX. escolher e destituir os auditores independentes, se houver.

Na qualidade de administradores, os conselheiros têm deveres fiduciários para com a organização, o que inclui orientar e monitorar a diretoria, atuando como elo entre ela e os sócios, com vistas à geração de valor sustentável no curto, médio e longo prazos, para a organização, seus sócios, e demais partes interessadas.

- criação de Valor Sustentável a longo prazo;
- cultura e Pessoas;
- estratégia;
- governança Corporativa;
- supervisão[3].

Nas empresas onde existe Acordo de Acionistas (art. 118, Lei 6404), este define claramente quantos assentos cada um dos principais acionistas terá no Conselho de Administração. Nas empresas onde não existe Acordo de Acionistas, quem define quantos assentos cada acionista terá é objeto de discussão.

As empresas listadas na Bolsa como Novo Mercado são obrigadas a ter 20% de conselheiros independentes, ou seja, desvinculados de quaisquer acionistas. O raciocínio é que os independentes tragam às reuniões um ponto de vista independente, idealmente desvinculado de resultados de curto prazo da empresa. Como não sabemos quem são essas pessoas (ou não seriam independentes), temos que buscá-las no mercado.

A Lei 6404 permite mandatos de até três anos para seus conselheiros. O mandato típico para um conselheiro é de dois anos. Independente ou não.

Algumas empresas (exemplo Gol) têm uma cláusula expulsória para independentes, pela qual um conselheiro independente não pode servir mais que dois mandatos (quatro anos). O raciocínio é que as pessoas perdem a independência com o passar do tempo.

Além dos critérios normais para fazer parte do Conselho de uma SA (reputação ilibada, não prestação de quaisquer outros serviços à mesma SA), recomenda-se que o candidato a Conselheiro entenda de, e possa demonstrar fluência em, em qualquer ordem:

3. Potencial conflito de interesses em qualquer Conselho: como orientar e ao mesmo tempo supervisionar?

- finanças, para poder analisar e interpretar os demonstrativos financeiros da empresa, bem como eventualmente lidar com auditores externos e internos desta;
- estratégia, para poder 1) discutir temas estratégicos da empresa e 2) analisar o impacto a longo prazo das decisões de curto/médio prazo que seus executivos tomam;
- pessoas, para definir os entregáveis e selecionar as pessoas que liderarão a empresa no futuro, bem como eventualmente buscar (com ou sem headhunters externos) o próximo presidente da empresa (quando o fundador não se considerar apto para continuar à frente da empresa).

Então, sua startup pode e deve ter uma estrutura de governança desde o CNPJ:

- convide três pessoas, de preferência uma com viés Estratégico, outra com viés Finanças e outra com viés Pessoas;
- lembre-se de que Conselho de Administração tem uma restrição legal séria, que é o comprometimento do patrimônio pessoal de cada conselheiro. Embora exista seguro para isso, sua startup ainda não tem como lidar com isso, então você pode começar com um Conselho Consultivo, que não tem essa restrição legal;
- faça uma reunião mensal. No princípio, sem remuneração, ou um valor simbólico por reunião (1–2 salários mínimos). As pessoas certas ficarão muito lisonjeadas de participar da governança de sua startup! Na fase de Protótipo, algumas startups oferecem participação acionária. Reuniões remotas OK, mas reembolse despesas de viagem se presencial. Lembre que 1) eles não podem prestar outro serviço para sua empresa e 2) eles não podem receber via suas respectivas pessoas jurídicas: a lei é clara quanto à obrigatoriedade de contratação das pessoas físicas;
- convide pelo menos um conselheiro (o do viés Estratégico) para suas reuniões de Cenários e Cynefin;
- aumente esse valor assim que sua empresa tiver condições para isso. Mais, se houver Comitês (Recrutamento/D&I, Auditoria etc.) reportando a membros do Conselho;

- a opção de oferecer participação acionária complementando, em vez de, remuneração, é controversa, porque pode prejudicar a independência do conselheiro. Eu pessoalmente acho que aumenta muito o comprometimento;
- quando a empresa tiver condições para tal, aumente o número de membros. Sempre um número ímpar, para não dar empate. E a remuneração/participação deles;
- se sua empresa for familiar e abrir capital, convém criar outro Conselho, de Família, cujo presidente será mais um membro do Conselho de Administração;
- ainda não há requerimento legal para porcentagem de mulheres em Conselhos. Mas é só questão de tempo, então busque um equilíbrio de gênero desde a 1ª hora;
- E lembre-se de que empresas listadas no Mercado Novo da B3 são obrigadas a ter 20% de conselheiros independentes (não ligados a acionistas), providência saudável mesmo que você não pretenda se listar no Novo Mercado!

No mais:

- o IBGC e o CELINT mantêm bancos de dados de conselheiros, credenciados por eles, que as empresas podem acessar;
- esse mercado é altamente sazonal, uma vez que as nomeações para Conselhos geralmente ocorrem na AGO, que normalmente ocorre entre março e abril. Existe uma outra "bolha" de demanda, bem menor, em agosto/setembro;
- existem headhunters especializados em recrutar conselheiros de administração.

8

OUTROS

ESTE CAPÍTULO CONTÉM ITENS QUE, EMBORA IMPORTANTES, quebrariam a espinha dorsal da evolução de temas que pretendi, caso não estivessem no final do livro. Trato de um erro comum em empresas, em particular as muito jovens, sobre alocação de capital. De como escolher entre litígio, mediação e arbitragem no caso de surgir algum conflito entre sua empresa e outra. Como não incorrer um erro frequente de startups: confundir Protótipo com Produto. E do trabalho de Bent Flyvbjerg sobre por que mais de 99% dos projetos deste mundo excedem em muito seus prazos e orçamentos.

8.1 Como Mediar Discussões Internas sobre Alocação de Capital

Segue uma das mensagens centrais deste livro: o orçamento de capital (CAPEX em inglês) é um exercício muitíssimo mais importante que o orçamento de receitas e despesas (sigla em inglês OPEX). Enquanto o OPEX é relevante ator coadjuvante de uma empresa (em particular uma recém-criada), um ciclo de CAPEX bem conduzido pode fazer a diferença entre sucesso e fracasso de uma empresa (em particular uma recém-criada).

Imagine uma tina contendo o capital a ser investido no próximo período (1–3 anos). Reúne o capital que os acionistas atuais podem aportar mais o que a empresa pode realisticamente levantar com terceiros nesse período. O valor exato do dinheiro na tina não é relevante neste primeiro momento.

Você já fez o exercício recomendado na seção 3.4 (no Capítulo 3), então já sabe a faixa de risco em que sua empresa está no momento, o que significa que também já sabe a taxa de retorno anual que seus investidores vão exigir compatível com o risco que correrão. De novo, valores exatos aqui não são muito relevantes, mas é importante que estejam em uma banda[1].

Seus colegas, e possivelmente alguns investidores mais próximos, se reúnem para decidir onde alocar o capital da tina. Estamos discutindo aqui quais serão as iniciativas futuras da empresa. Isso pode incluir a aquisição de uma máquina, de outra empresa, de direitos sobre marca/patente, licenças de software, até o pagamento de "luvas" para trazer um executivo genial do pedaço.

Você especificou que todos os presentes que tiverem uma iniciativa a defender devem entrar na reunião preparados para defendê-la, o que minimamente inclui valor, benefícios e retorno esperados[2].

Certifique-se de que alguém da sua equipe represente cada uma das suas iniciativas que exijam capital. Isso significa que você vai precisar nomear alguém para liderar todas as iniciativas que porventura continuarem órfãs na sua empresa depois de todos/todas haverem escolhido seus favoritos. Toda iniciativa tem que ter um/uma dono/dona. E não apresente nenhuma iniciativa que ninguém quer representar!

Quais são os vícios mais comuns desse processo?

- alguém defende a sua alocação usando a Taxa Interna de Retorno. A famosa TIR pode trazer distorções sérias, porque 1) a TIR é a raiz de um polinômio de fluxos de caixa futuros, alguns negativos, 2) como qualquer polinômio, tem um número de raízes igual às mudanças de sinal do polinômio menos 1, pode resultar em diver-

1. Quando escrevi esta seção, em junho de 2024, a taxa SELIC (definida como risco zero) era de 10,5% ao ano. A taxa do FED estava em 5,5% e nossa projeção de inflação futura em 3% a.a. Decidi trabalhar com Reais correntes para não complicar muito (as opções seriam Reais constantes e US$). Estimei o prêmio de risco exigido por investidores em uma startup de tecnologia em 8%–12% ao ano, resultando em uma banda de retorno total de 18,5%–22,5%. Nesse exemplo, e para evitar a proliferação do economês, usei um valor redondo próximo do ponto médio desta banda: 20% a.a.

2. Algumas empresas usam uma variação do relatório A3 para descrever/justificar um investimento de capital, mais comumente em novas máquinas e/ou software. Vide seção 2.8, no Capítulo 2.

sas TIRs, algumas negativas, e 3) a TIR presume que todo excesso de caixa será reinvestido na empresa à mesma taxa de retorno, o que raramente é verdade[3];

- alguém defende sua proposta demonstrando que ROI (retorno sobre o investimento) excede 20% a.a., o retorno exigido por acionistas que definimos previamente. Essa defesa também é incorreta, porque pode levar a sua empresa a gradativamente mudar sua faixa de risco para um nível maior.

Qual é a defesa correta aqui?

- fluxo de Caixa descontado, contendo valores projetados — porém altamente defensáveis — mostrando um ROI igual ou ligeiramente acima da taxa-alvo, 20% a.a. no exemplo aqui. Vide Seção 3.4 (no Capítulo 3).

E o que pode dar errado?

- duas iniciativas competirem com (quase) o mesmo ROI. É raro, mas acontece! Principalmente quando ambas têm o mesmo objetivo, mas diferentes premissas. Exemplo: uma adotou arrendamento em vez de compra (seção 3.3, Capítulo 3) ocasionando ROIs próximos. Essa situação é fácil de resolver, se incluirmos o impacto após o imposto de cada iniciativa;
- Um investidor importante — em particular um sócio fundador — tem particular afeto por uma iniciativa cujos números conforme apresentados não são atraentes. Essa situação é um pouco mais difícil de resolver, mas merece discussão, que necessariamente vai passar por questionar o Propósito do seu negócio.

Pronto! Sua empresa completou o exercício CAPEX. Vocês escolheram em quais iniciativas a empresa vai investir durante o período seguinte. Claro que revisitarão periodicamente cada iniciativa.

3. A TIR é combatida há décadas pelas razões expostas, inclusive em textos de Finanças bem cheios de autoridade. No entanto, você provavelmente terá que calcular a TIR porque alguma PE exigiu (vide seção 5.3, no Capítulo 5).

8.2 Litígio, Mediação ou Arbitragem?

Pode chegar um momento na vida da sua empresa em que ela entrará em conflito com outra empresa. A maioria dos conflitos tem a ver com Marcas e Patentes, mas:

- se você optou por uma estratégia colaborativa no modelo Erin Scott *et al.* (Propriedade Intelectual ou Cadeia de Valor), pode cair em conflito com a empresa com a qual se associou, em particular nos limites entre os direitos da sua empresa e os da outra;
- e se optou por uma estratégia confrontativa (Arquitetura ou Disruptiva) aí você já pode contar com inúmeros conflitos com outras empresas!

Eis suas três alternativas:

Litígio

Esse é o clássico "ir para a Justiça". É necessário contratar advogados. Fora tribunais de pequenas causas, são raros os casos em que as partes possam advogar em causa própria. Advogados normalmente são remunerados por hora (nenhuma motivação para abreviar a causa) e um percentual do valor da causa (mínimo 20%).

No final, quem decide é um juiz, que pouco ou nada entende do tema da controvérsia.

A principal vantagem do litígio é que é um expediente que todos conhecem desde tempos imemoriais.

Principais desvantagens: custo e tempo. E confidencialidade, uma vez que litígios são em sua grande maioria de domínio público.

Mediação

Lei 13.140 de 26/6/2015: meio de solução de controvérsias entre particulares e sobre a autocomposição de conflitos. O Mediador é um terceiro imparcial sem poder decisório, que, escolhido ou aceito pelas partes, os auxilia e estimula a desenvolver soluções consensuais para a controvérsia. Os princípios básicos da Mediação são:

- imparcialidade do mediador;
- oralidade;
- informalidade;

- autonomia da vontade das partes;
- busca de consenso;
- confidencialidade;
- boa-fé;
- direitos patrimoniais disponíveis ou não disponíveis;
- o Mediador pode ser escolhido pelas partes ou designado por um tribunal;
- a solução final de uma Mediação não exclui a opção de Litígio futuro.

A partir da promulgação da lei 13.140, a maioria das cortes oferece às partes a opção da Mediação, prévia ao litígio[4]. Na Califórnia, vi Mediação engolindo boa parte do backlog de casos na Justiça.

Arbitragem

Lei 13.129 de 26/5/2015 (que modificou a lei original de 1996).

Tradicionalmente, cada parte indica um árbitro e estes em conjunto indicam um árbitro que os chefiará. Mas nada na lei impede que as partes (quem sabe via mediação) nomeiem apenas um árbitro que lidere todo o processo.

Imagine, por exemplo, a concessionária da rodovia pedir revisão do pedágio porque o atual lhe dá prejuízo. Dada a urgência de solução na maioria dos casos (operação de uma rodovia, de um aeroporto etc.), na época, nosso Supremo quis redirecionar para Arbitragem a maioria desses processos, sob pena de o litígio engarrafar a Justiça brasileira.

O Árbitro é normalmente um especialista no assunto da controvérsia. Ao contrário de um Juiz, que nada entende do tema da controvérsia. E do Mediador, que normalmente entende de Mediação apenas.

O árbitro mais comum é especializado em fraudes contábeis. Árbitros especializados em propriedade intelectual também são bastante conhecidos, e bem remunerados, por causa de ativos em Fusões e Aquisições e em processos do CADE. Já conheci um árbitro especializado em sinistros em embarcações abaixo da linha d'água. Já entrevistei um candidato que era árbitro de acidentes aéreos. Um cliente meu já precisou contratar um árbitro especializado em ligas de níquel — e encontrou!

---

4. Eu mesmo estagiei no MP-RJ, sob supervisão de mediador credenciado, como parte dos pré-requisitos para meu treinamento em Mediação. E todo caso que entrava pela porta era primeiramente veiculado ao nosso plantão de Mediação em outro andar do prédio.

Detalhe importante: a decisão do árbitro é final, não cabendo recurso.

Arbitragem custa caro, mas em controvérsias que exigem grande conhecimento técnico, e as partes conseguem trazer árbitros bastante versados no tema, acaba mais barato, mais previsível e muito mais rápido que um Litígio.

Uma nota final: Câmaras de Comércio muitas vezes oferecem serviços de Mediação e Arbitragem, em alguns casos de qualidade espetacular. Em particular, a Câmara de Comércio Brasil-Canadá (CCBC) é forte em Arbitragem, e a Câmara de Comércio Brasil-França (CCBF) é forte em Mediação.

8.3 Não Confunda Protótipo com Produto!

Construir um protótipo do que futuramente se pretende construir em série é válido como prova de viabilidade técnica de um produto ou serviço. Mas por ser artesanal sua estrutura de custos é muitas vezes diferente dos futuros custos de produção por uma ou mais ordens de grandeza.

Acaba que é um erro comum entre empreendedores achar que o protótipo é o produto. Não surpreende que esse erro seja mais comum em, nesta ordem:

- desenvolvimento de software;
- serviços, em particular serviços financeiros (aplicativos de banco, decisões de crédito pessoal, decisões de crédito imobiliário e decisões de seguro).

O protótipo:

- pode servir de prova de conceito;
- pode ser submetido a testes não destrutivos[5];
- pode ensinar a todos quais serão os principais desafios da futura produção;
- pode servir de "molde" para o desenvolvimento dos futuros fornecedores do produto, inclusive embalagem e testes de transporte;
- pode sugerir faixas de preço que seriam compatíveis com a produção em série;

5. Meu exemplo favorito: capacetes para motociclismo. Um item em que *todos* os testes do INMETRO são destrutivos.

- tem enorme poder motivador, para a sua equipe e para investidores, que não precisarão mais da imaginação para enxergar como se parecerá o produto final;
- e para potenciais investidores, é ferramenta poderosa de captação de recursos.

Mas o protótipo não é o produto!

- o protótipo normalmente custa muito mais caro que o custo unitário da futura produção em série. E é muito difícil estimar os custos da produção em série a partir dos custos do protótipo;
- o protótipo normalmente é feito com pouca atenção à aparência estética do produto/serviço final;
- o protótipo, embora possa ser submetido a testes que simulam anos e anos de uso do produto final, raramente considera todas as agruras que o produto final terá no mundo real.

8.4 Por que a Maioria dos Projetos Excede Preço e Prazo?

Bent Flyvbjerg[6] estuda megaprojetos há anos, em particular por que mais de 99% deles excedem preço e prazo. Publicou as causas mais comuns, assumidamente inspirado na tipologia de Daniel Kahneman. Armadilhas que desandam megaprojetos, que reproduzo a seguir, com pequena edição minha e do meu amigo Fernando Ximenes:

1. **Manipulação estratégica:** distorcer deliberada e sistematicamente as informações para fins estratégicos (e conveniências políticas).
2. **Viés do otimismo:** demonstrar otimismo exagerado sobre o resultado das ações planejadas, incluindo superestimar frequência/tamanho de eventos positivos e subestimar frequência/tamanho de eventos negativos.
3. **Viés do ineditismo:** enxergar o nosso projeto como mais diferente de outros semelhantes do que realmente é.

6. Professor em duas universidades: a Universidade de TI de Copenhague e a Saïd, escola de Business de Oxford. Partes desta seção foram publicadas em agosto de 2023 na minha coluna no blog da MIT Sloan Review Brasil.

4. **Falácia do planejamento:** subestimar custos/prazos/riscos e superestimar benefícios/oportunidades.
5. **Viés do excesso de confiança:** superestimar nossa própria capacidade de lidar com as surpresas que virão.
6. **Viés da confirmação retrospectiva:** achar que eventos passados eram previsíveis quando ocorreram. Essa é a famosa síndrome do "bem que eu avisei..."
7. **Viés da disponibilidade:** superestimar eventos que estão mais presentes em nossa memória.
8. **Falácia da informação seletiva:** ignorar informações disponíveis em favor de situações particulares e amostras restritas.
9. **Viés da ancoragem:** ênfase excessiva em apenas uma parte das informações que chegam sobre algo que deu errado. Na maioria das vezes, são as primeiras informações obtidas sobre o problema[7].
10. **Viés da aposta dobrada:** justificar um investimento adicional com base no que já se investiu.

Essas armadilhas são igualmente válidas para projetos de qualquer tamanho. Então enquanto evolui seu plano de transformar Ideia em Empresa ou esteja fazendo cirurgia grande em empresa já estabelecida, vale a pena questionar regularmente se uma, ou mais, dessas armadilhas entrou sorrateiramente na discussão.

Bent Flyvbjerg deu uma entrevista para Rita McGrath em 08/06/2022[8] em que ela pede para ele informar, conforme a pesquisa dele, o percentual dos projetos grandes que excedem preço e prazo: resposta 99,5%. Pediu também para ele dar exemplos dos 0,5% que deram certo, e mencionar por que deram certo. Ele respondeu:

- a construção do Museu Guggenheim Bilbao, porque o arquiteto Frank Gehry há décadas só aceita projetos em que o escritório dele seja também responsável pela execução, e especifica no contrato que nenhum político pode se meter;
- a fábrica da Tesla em Nevada, um investimento de US$5 bilhões que gerou receita um ano depois. Segredos: ignorar as empreiteiras e subdividir a obra em dezenove módulos essencialmente iguais entre si);

7. Kaoru Ishikawa está na seção 2.8, no Capítulo 2.
8. Disponível em: https://youtu.be/HS0LWNg2mY4?si=-6WOL768JIjUgCeG.

- a expansão do metrô de Madrid em 2014. Segredos: a empreiteira dividiu a obra em módulos semelhantes entre si e obteve permissão especial da prefeitura de Madrid para trabalhar 24/7.

Bent[9] dá diversos exemplos no vídeo de projetos catastróficos: os mais frequentes — e conhecidos — são usinas nucleares e obras em preparação para Olimpíadas. Rita faz um comentário nesse vídeo: megaprojetos só têm valor se concluídos. Um megaprojeto 95% pronto não vale rigorosamente nada.

---

9. Se você ficou suficientemente curioso para ler mais trabalhos de Bent, recomendo o último, publicado no Brasil em dezembro de 2023, em que ele analisa o que deu errado em 16 mil empreendimentos em 136 países: *Como fazer grandes coisas*.

SOBRE O AUTOR

AUGUSTO L. DIAS CARNEIRO (BSC. MIT SLOAN, 1972; MBA UCLA, 1983) é headhunter, coach de executivos (Hudson Institute of Santa Barbara 2003–2004 e 2013–2014) e autor de *Guia de Sobrevivência na Selva Empresarial* (Alta Books, 2009). Cursou também Conselheiro de Administração (IBGC, 2014) e Mediação de Conflitos (Instituto Mediare, 2019). Desde agosto de 2019 publica uma coluna mensal no blog da revista *MIT Sloan Review Brasil*.

Como headhunter, é 100% especializado em buscar executivos para empresas no segmento de Recursos Naturais (petróleo, gás, mineração, eólica, solar e hidro). Já buscou executivos para postos-chave na Chevron, El Paso, Consórcio UHE Estreito, Kinross, Shell, Statkraft e Subsea7. E, no passado, recrutou também para Coca-Cola, L'Oréal, Nabisco e Xerox.

Suas mais de quatro mil horas de coaching são dedicadas a executivos "C-level" e àqueles jovens executivos considerados de alto potencial em empresas como GE, Hospital Moinhos de Vento, Intel, LEK, Lubrizol, Médicos Sem Fronteiras, Philip Morris, Schlumberger, Shell e Solvay.

Foi executivo financeiro entre 1972–1987 (Citibank, Xerox e Shell/Billiton), consultor de M&A entre 1987–1997 e sócio da Korn Ferry entre 1997–2003.

Casado com a paisagista/autora Mônica Lampreia. Moram em um sítio em Secretário, no município de Petrópolis-RJ. Credenciado mestre-amador (Capitania dos Portos RJ), pilotagem offroad em 4X4 (Land Rover), offroad em motocicletas (BMW) e radioamador classe C (Anatel).